中国农村居民
金融素养与金融需求
抽样调查报告

蔡栋梁◎著

西南财经大学出版社

中国·成都

图书在版编目(CIP)数据

中国农村居民金融素养与金融需求抽样调查报告/蔡栋梁著.—成都:西南财经大学出版社,2023.11
ISBN 978-7-5504-5979-3

Ⅰ.①中… Ⅱ.①蔡… Ⅲ.①农村金融—需求—抽样调查—调查报告—中国 Ⅳ.①F832.35

中国国家版本馆 CIP 数据核字(2023)第 214098 号

中国农村居民金融素养与金融需求抽样调查报告
ZHONGGUO NONGCUN JUMIN JINRONG SUYANG YU JINRONG XUQIU CHOUYANG DIAOCHA BAOGAO

蔡栋梁　著

责任编辑:李特军
责任校对:杨婧颖
封面设计:墨创文化
责任印制:朱曼丽

出版发行	西南财经大学出版社(四川省成都市光华村街55号)
网　　址	http://cbs.swufe.edu.cn
电子邮件	bookcj@swufe.edu.cn
邮政编码	610074
电　　话	028-87353785
照　　排	四川胜翔数码印务设计有限公司
印　　刷	成都市火炬印务有限公司
成品尺寸	170 mm×240 mm
印　　张	7
字　　数	81 千字
版　　次	2023 年 11 月第 1 版
印　　次	2023 年 11 月第 1 次印刷
书　　号	ISBN 978-7-5504-5979-3
定　　价	48.00 元

前　言

　　"三农"问题是关系国计民生的根本性问题,解决好"三农"问题是全党工作的重中之重。党和政府立足于农村经济客观现实和新时代发展需要,提出实施乡村振兴战略,推动农业农村优先发展。实施乡村振兴战略,要落实产业兴旺、生态宜居、乡风文明、治理有效和生活富裕的总要求,涉及国家的土地制度改革、经济制度构建、生态环境改善、文化素养培育、社会和政治体制完善等方面,需要发挥政府的主导作用,同时也离不开金融的支持。

　　近年来,随着我国普惠金融发展不断深化,以普惠金融为载体,推动金融扶贫深入基层一线,已经成为我国欠发达地区农村经济发展的重要措施。意识决定金融行为,金融素养对于农村金融政策、金融产品以及金融服务的有效性有着重要影响。无论是解决农村金融约束,还是构建普惠金融体系,抑或是制定乡村振兴政策,都必须要考虑到农村居民金融素养这一因素的作用。因此,提升我国农村居民金融素养有助于增强我国农民生产经营能力,从而授之以渔进一步促进农村经济的可持续发展。

　　目前,金融素养在金融支农和金融扶贫过程中的重大意义与农村居民金融素养在现阶段并不被重视的现实矛盾较为突出，这极大地影响了金融服务"三农"的效率。因此，密切关注农村金融动态，把握农村居民金融素养和金融需求水平，对促进普惠金融找准方向、落到实处具有至关重要的意义。

本次中国农村居民金融素养调查，着眼于微观的农村实景，以家庭为单位收集微观数据信息，希望借此了解当今农村居民金融素养的实际水平和差异，为普惠金融的发展提供最真实的数据支撑和方向建议，助力解决相对贫困问题。

此次调研委托中国人民银行南昌中心支行和西南财经大学、湖南大学、长春金融高等专科学校、湖北经济学院、山西师范大学、广东金融学院6所高校实施，范围涉及全国16个省份，覆盖西北、西南、华北、华东、华中、东北等地区，具有较好的代表性。此次调研利用分层抽样的方法入村入户直接访问，历时半年之久，最终获得64 000个调查样本，有效样本为58 880个，占总样本数的92%。

通过对所搜集的数据信息进行汇总分析，我们发现农村居民的金融行为具有比较鲜明的特征——对于日常生活需要了解的利率、银行存款等常识性内容有一定认知，金融素养水平整体偏低，金融技能单一，金融观念淡薄，对大部分金融知识的掌握相对不足，网络的不便利使较多农村居民缺少接触多样化金融服务平台的机会。此外，比较突出的是农村居民金融素养水平存在明显的地域差异，东部地区农村居民金融素养水平普遍高于中部和西部地区。

在接下来的调研中，我们将着重关注农村居民金融素养的发展趋势，从最基础的数据搜集中脱离，站在更宏观的角度，寻找可行性高、可推广性强的先进做法并学习借鉴推广，真正做到通过本调查惠及更多农村居民。

　　最后，在此鸣谢各单位克服各种困难开展入村入户调查，西南财经大学综合各地数据并牵头撰写调查报告。希望该书能为提升我国农村居民金融素养的决策制定提供参考，强化金融素养在防止返贫、发展普惠金融和落实乡村振兴战略中的作用和效果。

编　者

2023 年 5 月

目　录

第一章 农村居民金融素养提升的意义与价值

　　"务农重本，国之大纲。"农村经济稳定健康是经济、社会发展的"压舱石"。党的二十大提出，坚持农业农村优先发展，坚持城乡融合发展，畅通城乡要素流动。中国人民银行、国家金融监督管理总局、中国证监会、财政部、农业农村部联合发布的《关于金融支持全面推进乡村振兴 加快建设农业强国的指导意见》，强调了农村金融要素在农村经济现代化建设中的重要角色，并采取了有力的金融助农增效措施，其中金融素养的作用不容忽视。大力发展农村金融，提升农村居民金融素养，普及农村金融教育能够提高农村地区金融服务的覆盖率、可得性和满意度，有利于提高农村居民的生活水平、促进金融业可持续发展、助推经济发展方式转型升级和增进社会公平与促进社会和谐。在实践中，无论是解决农村金融约束，还是构建普惠金融体系，抑或是制定金融扶贫政策，都必须要考虑到金融素养的作用。只有这样，才能提高农村居民金融资源的利用效率、达到金融助农的效果，并有助于政府更有针对性地制定"三农"金融政策，其意义重大。

一、提升农村居民金融素养有助于促进金融健康平稳发展

随着我国居民收入的极大提高和金融市场的不断深化发展，金融类产品的种类不断丰富、金融环境日趋复杂，家庭的消费与储蓄行为、借贷行为等都发生了显著变化。目前，家庭金融资产总量分布不均、金融资产结构失衡等问题较普遍存在。金融的健康发展除了依靠政府营造良好的市场环境外，还需要居民具有较高的金融素养。金融素养作为个体参与投资决策的一个重点要素，对居民个体、家庭乃至整个社会的行为都有重要的影响，金融素养提升是消费者规避系统风险的重要举措。高金融素养水平的消费者寻求和购买更好、更便宜、更恰当产品和服务的行为可以推动金融行业提高行业效率。这将加剧竞争，市场将更具创新性和多样性，为消费者提供更多、更高质量的产品。此外，高金融素养还可以促进市场自律。金融素养水平高的消费者会谨慎地评估金融产品，选择对自己更有利的投资标的。

另外，居民金融素养水平在区域间和城乡间的不平衡特征较为明显。东部居民的金融知识水平要高于其他地区。城镇居民的金融素养水平要明显高于农村居民，城镇居民对于全部金融知识问题的平均正确率为60.5%，农村居民对于全部金融知识问题的平均正确率为47%。

居民金融素养提升有助于居民更好地理解金融产品、增强其风险意识和信用意识，有助于我国金融健康发展。同时，我国金融业快速发展，金融产品创新日益复杂，而金融消费者的金融知识、金融技能等还

存在较大的不足，尤其是农村居民的金融素养水平较低，很有必要进一步重视农村金融教育和金融知识普及工作，提升农村居民金融素养。

二、提升农村居民金融素养有助于促进普惠金融发展

普惠金融体系始于"联合国 2005 国际小额信贷年"，是指能够全方位、有效地为社会所有阶层和群体提供服务的金融体系，旨在为传统金融机构体系之外的广大中低收入阶层和小微企业提供可得性金融服务。党的十八届三中全会正式提出发展普惠金融的总体要求：发展普惠金融，拓展金融服务的广度和深度，扩大金融服务的覆盖面，提高金融服务的渗透率，为需要金融服务的社会各阶层提供合适的金融产品，从而构建一个多层次、广覆盖、可持续的现代金融服务体系。中国人民银行印发的《关于做好 2022 年金融支持全面推进乡村振兴重点工作的意见》指导金融系统优化资源配置，精准发力、构建更有效的普惠金融体系，为农业现代化、农村数字经济发展以及农民福利改善注入资本活力。如何在新时期有效促进普惠金融发展，并结合各地实际情况以金融资源促进欠发达地区和低收入群体提高收入水平，防止脱贫农户返贫，一直是我国关注的重点问题。然而，无论是振兴农村经济还是提高农民收入水平，我国农村经济发展都必须率先突破资金缺乏的"瓶颈"。同时，因信息不对称、经营风险大、交易成本高的原因，农村地区存在普遍的金融约束，资本匮乏已经成为农村经济发展亟待解决的问题。在国家"三农"政策的积极引导下，我国金融体系确实向农村和农业投入了大量资金，但金融支持的效果不佳，其中我国农村居民金融素养不高

是主要原因。一方面,农村居民因金融知识不足,不能正确地做出金融行为,表现出"盲目短视"的融资行为特征,其信用积累和长期利益趋向弱,无法获得银行等金融机构的信任,所以无法获得足够的信贷融资;另一方面,因为其金融素养不足,限制了其金融活动能力,这些农村居民不能综合利用各种正规金融机构和金融产品来融资,也不能及时地获得充分的融资供给信息和利用针对性的融资产品。融资成本、服务可得性与金融素养的占比见图1-1。

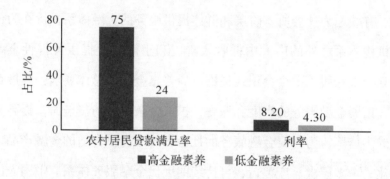

图1-1　融资成本、服务可获得性与金融素养的占比

三、提升农村居民金融素养有利于维护农村金融安全

金融安全关乎国家的根本利益,既是国家安全的重要组成部分,也是经济平稳健康发展的重要基础和前提。当前,我国经济发展已进入新常态,金融改革与金融创新进程不断加快、金融业对外开放程度不断加深,维护并保障金融安全的重要性和紧迫性日益凸显。在2022年十三届全国人大常委会第三十七次会议上,中国人民银行原行长易纲重申金融是经营管理风险的行业,防范化解金融风险是金融工作的永恒主题。

目前，我国金融市场建设不能将农村金融市场分割出去。农村金融市场在基础上较薄弱，在发展上较落后，农村基层金融机构难免成为金融风险的高危领域，如图1-2所示。2022年4月，国务院印发了《关于加强打击治理电信网络诈骗违法犯罪工作的意见》，强调构建电信诈骗、金融诈骗的严密防范体系和预警机制，保护广大人民群众的劳动果实和财产安全，尤其是要重视农村等地区的反诈骗宣传、反诈骗教育进社区、进农村、进家庭。农村居民之所以辨识能力差而暴露于金融风险之中，是因为金融机构在农村布局少、农民受教育程度低、获取信息渠道窄等因素。需要针对农村金融的特殊状况，加大反诈骗、反洗钱、抵制非法集资等相关教育活动的宣传力度，为农村居民提供经常性的金融服务，定期组织金融知识培训，在咨询方面满足农民需求，提高农村居民的风险辨识能力。维护农村金融安全，就是守好7亿农村居民的"钱袋子"。打好农村金融安全保卫战，必须要遵循金融运行基本规律，坚持底线思维和问题导向，把主动防范化解金融风险放在更重要的位置，积极推进金融教育深入农村，把农村居民金融教育和金融素养提升作为监管机制与应急处置机制之外的又一项金融安全长效机制建立起来。

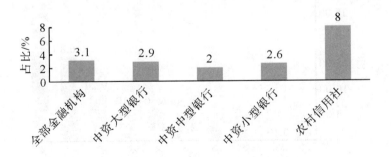

图1-2　各类金融机构涉农贷款不良比率

四、提升农村居民金融素养可支持乡村振兴

"三农"问题是关系国计民生的根本性问题，解决好"三农"问题是全党工作的重中之重。广泛开展金融知识普及教育，帮助农村居民增强诚信观念和金融风险防范意识、提升农村居民的基础金融素质、改善农村金融生态环境、提高现代金融服务在贫困地区的可获得性，同时支持集体经济等新型经营主体发展，进而助推乡村振兴和国家扶贫开发事业的发展，如图1-3所示。然而，当前我国乡村金融供给不足，尤其是金融融资、融智和信用中介等已成为制约乡村振兴发展的短板，金融必将在乡村振兴战略中发挥更大的作用。在我国广大的乡村地区，缺乏对金融知识的普及和宣传。因此，扩大农村金融教育的覆盖面，通过金融教育和培训改善农村地区的金融生态环境，提高乡村居民的财商水平，是新时代实施乡村振兴战略的重要环节。

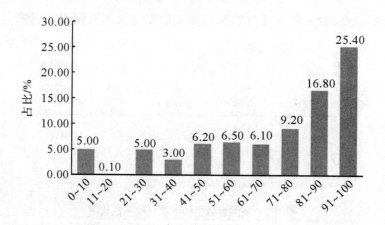

图1-3 不同金融素养水平的农村居民在新型农业经营主体中的占比

五、提升农村居民金融素养巩固拓展脱贫攻坚成果

当前，世界经济复苏缓慢，气候变化挑战突出，国际贸易保护主义也逐步抬头。我国不仅在如此复杂的经济形势下仍保持了经济增长，更是完成了脱贫攻坚的历史任务。我国农村居民人均可支配收入已达17 131元，832个贫困县全部摘帽，12.8万个贫困村全部出列，消除了绝对贫困。然而，这些地区产业基础薄弱，脱贫家庭资产积累较少，因此还需借助金融体系"呵护温养"。

金融素养是满足未来金融需求和制定金融决策的必备素质，而初步脱贫地区农村居民对整体金融产品和功能的了解程度不够。一方面，在遇到资金困难时无法有效借助金融产品，平滑各期资金需求；另一方面，不能合理地制订金融计划和金融方案，导致资产配置不合理和融资错配严重。对于巩固脱贫攻坚成果和防止返贫来说，必须要逐步引导脱贫农户参与市场和利用市场，发挥利用金融资源的主观能动性，从而真正形成可有效循环的农村金融"造血"系统，进而增强脱贫地区和脱贫群众内生发展动力。如图1-4所示，金融素养高的农村居民家庭收入明显高于金融素养低的农村居民家庭。因此，金融素养在进一步防止返贫工作中大有作为，但要真正地发挥其作用还必须提升农村居民金融素养，清除金融资源利用的技能障碍。

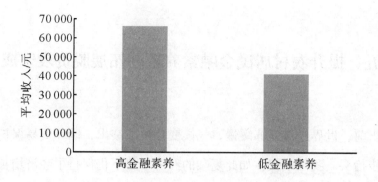

图1-4 金融素养与农村居民家庭收入

第二章　农村居民金融素养现状

一、金融素养的概念与衡量

（一）金融素养的概念

随着金融深入日常生活，普通农村居民掌握金融知识、有效管理个人资金、处理个人金融事务的能力越来越重要，而上述这些能力正是金融素养的体现。

尽管"金融素养"一词早在 1992 年就被提出，但目前其仍缺少一个精确、统一的定义。有关金融素养的概念，目前主要有以下四种观点：

（1）金融素养即金融技能，包括财富管理、金融分析，以及充分利用金融概念的能力（Noctor，1992）。

（2）金融素养是人们所拥有的基本金融知识（如利率知识、信用卡知识等）（Kim，2001）。

（3）金融素养是指人们理解和充分利用金融概念的能力（Servon，

Kaestner，2008）。

（4）金融素养是保证个人金融福祉的金融知识和能力（美国金融素养与教育委员会，2007）。

由于第四个观点既涉及金融知识的掌握程度，也体现了运用所掌握知识做出合理决策的能力和信心，全面涵盖了个人掌握和运用金融知识的能力，因而越来越被大多数文献认同。

当前，在整个金融素养研究领域，金融素养测度是主要的研究方向之一。这一方向早期的大多数研究仅局限于给出简单的描述，或是简化测度指标，如将个人能力简单地理解为读写能力（Zarcadoolas，Pleasant，Greer，2006），将金融素养确定为用文字、图表和算术来处理信息的能力（Kirsch，2001）。目前，越来越多的文献指出，金融素养的内涵的研究应使用量化手段涵盖四个维度，即金融基本概念、借贷概念、投资概念和风险预防概念，这使金融素养这一模糊概念有了细分的可能，也使测度结果可以进行横向和纵向比较，为我国制定相关政策提供参考。

诸多研究证实，提高金融素养水平可以促进家庭创业、推动家庭参与投资理财、提升居民收入的流动性，金融素养缺乏会导致个体非理性的投资理财行为，造成个人财富面临较大风险甚至引发家庭金融危机。美联储前主席伯南克曾指出，次贷危机证实了金融素养对增进家庭经济福祉和保持经济系统稳定起着重要作用。在我国，金融市场化、互联网化以及养老制度市场化，对居民金融素养提出了更高的要求。在此背景下，开展农村居民金融素养研究，对推进农村地区金融教育、优化农民金融行为决策和提升农村居民金融福利，具有重要的理论与现实意义。

（二）金融素养的衡量

基于 PISA 测评框架，经济合作与发展组织（OECD）从 2010 年开始启动了对多个国家的金融素养问卷调查工作。其基本的思路是，从受访者的角度出发，通过四个一级指标，即金融知识、金融技能、金融行为、金融意识下面细分的二级指标来编写问卷题目，以此涵盖上述以金融概念为划分依据的四个维度。事实上，该测评框架拓展了金融素养的内涵，超越了以往测评时的狭义范畴，将个人对金融的认知、态度、金融知识的掌握和运用、可观测的金融行为等方面综合起来，作为金融素养的内在要求。

二、调查问卷设计

此次调查利用分层抽样的方法在全国范围内开展，以金融素养和金融需求为主题，覆盖地域广泛，共涉及 16 个省（自治区），具有较好的代表性。为了更加全面、客观地反映农村居民金融素养和金融需求状况，问卷从农村居民的家庭就业结构、年龄结构、收入结构、资产结构、行为结构多个维度直接和间接地衡量农村居民金融素养与金融需求。

同时，为了直观、深刻地了解农村居民的金融素养，根据 PISA 测评框架和我国农村居民参与金融活动的实际情况，在问卷中设计多个问题从金融意识、金融知识、金融行为和金融技能四个方面全面反映金融素养。在问卷设计时结合德尔菲法和专家法，通过多轮咨询和挑选之后，共设计了41道题来综合衡量金融素养，最后利用变异系数法确定权重计算各地区农村居民的金融素养，其具体题干、代表指标、得分标准如表2-1、表2-2、表2-3、表2-4所示。

表2-1　农村居民金融素养指标体系——金融意识

一级指标	二级指标	考察素养	题干	选项及得分
金融意识	风险意识	风险偏好	如果现在有两张彩票供您选择，若选第一张，您有100%的机会获得5 000元；若选第二张，您有50%的机会获得10 000元。您愿意选哪张	选第一张＝2分，选第二张＝0分
	信用意识	信用概念	信用很重要，要小心维护，您认同吗	不同意＝1分，同意＝2分，不知道＝0分
		信用行为	有借有还，再借不难，您认同吗	认同＝2分，不认同＝1分，不知道＝0分
		银行贷款	您觉得贷款逾期未还，会给您带来不好的影响吗	肯定不会＝0分，可能会＝1分，肯定会＝2分
		信用行为	如果您分别从银行和亲戚朋友那里借了10 000元，都将在下一个月的10日偿还，但您到时只有10 000元的现金，所以肯定有一方无法偿还，您会选择偿还哪一方	偿还银行的＝2分，还亲戚朋友＝1分，砸锅卖铁都要还＝3分，都不还＝0分
	理财意识	收支计划	您有没有制订储蓄和支出计划	有＝2分，没有＝1分，不确定＝0分
		理财意愿	钱是用来花的，没有必要进行理财，您认同吗	认同＝1分，不认同＝2分，不知道＝0分
		理财知识	理财是有钱人的事，您认同吗	认同＝1分，不认同＝2分，不知道＝0分
	保险意识	保险知识	您认为保险可以带来哪些帮助	选0种＝0分，选1~2种＝1分，选3~4种＝2分
		对保险的态度	保险就是骗人的，您认同吗	认同＝1分，不认同＝2分，不知道＝0分
		对保险的态度	买保险可以发财致富，您认同吗	认同＝1分，不认同＝2分，不知道＝0分

表 2-2 农村居民金融素养指标体系——金融知识

一级指标	二级指标	考察素养	题干	选项及得分
金融知识	银行知识	自动取款机	您可以通过自动取款机完成以下哪些操作	1~3 种 = 1 分，4~7 种 = 2 分，不知道 = 0 分
		信用卡	您知道什么是信用卡吗	知道 = 2 分，不知道 = 0 分
		银行服务	您觉得银行可以提供以下哪些服务	1~5 种 = 1 分，6~11 种 = 2 分，都不知道 = 0 分
		利率	私人借款的年利率高于下面哪个利率时属于非法利率	知道 = 2 分，不知道 = 0 分，其他选项 = 1 分
	保险知识	保险概念	您知道社保和商业保险的区别吗	知道 = 2 分，不知道 = 0 分
		保险常识	买保险能降低风险，购买额度越高越好对吗	对 = 1 分，不对 = 2 分，不确定 = 0 分
		保险概念	您是否知道保险	知道 = 2 分，从未听说过 = 0 分
	投资理财知识	理财产品了解	您听说过以下哪些理财产品	0 种 = 0 分，1~6 种 = 1 分，7~13 种 = 2 分
		金融机构了解	您听说过以下哪些金融机构	1~4 种 = 1 分，5~9 种 = 2 分，都没听过 = 0 分
	金融常识	金融知识	您觉得您的金融知识水平如何	非常不好 = 0 分，不好或一般 = 1 分，好或非常好 = 2 分
		风险规避	不要把所有鸡蛋放在同一个篮子里，您认同吗	认同 = 2 分，不认同 = 1 分，不知道 = 0 分
		风险知识	风险越大收益越高，您认同吗	认同 = 2 分，不认同 = 1 分，不知道 = 0 分
		单利	复利计息比单利计息的利息更多，您认同吗	认同 = 2 分，不认同 = 1 分，不知道 = 0 分

表 2-3 农村居民金融素养指标体系——金融行为

一级指标	二级指标	考察素养	题干	选项及得分
金融行为	融资行为	借款贷款	目前,您的家庭是否有借款需求	有需求能借到=2分,有需求借不到=1分,没需求=0分
		信用卡	您拥有信用卡吗	有=2分,没有=0分
	保险行为	购买险种	去年,您的家庭是否购买了意外保险	是=2分,否=0分
		购买险种	去年,您的家庭是否购买了农业保险	是=2分,否=0分
		购买险种	去年,您的家庭是否购买了其他保险	是=2分,否=0分
	理财行为	金融业务	您在以下哪些金融机构办理过业务	1~4种=1分,5~9种=2分,都没有=0分
		利率	存钱是否会比较不同银行或不同期间的存款利率	会=2分,不会=1分,不确定=0分
	其他行为	金融行为	您主要根据什么来选择金融产品或服务	1~4种=1分,5~8种=2分,未选择任何金融产品或服务=0分
		金融服务	您是否使用网上银行	是=2分,否=0分
		金融服务	您是否使用手机银行	是=2分,否=0分

表 2-4　农村居民金融素养指标体系——金融技能

一级指标	二级指标	考察素养	题干	选项及得分
金融技能	资源利用能力	转账	如果您需要转账，您可以通过以下哪些方式完成	只选"和他约时间给现金"＝0分；现金除外，选 1~2 种＝1分；现金除外，选 3~5 种＝2分
		银行卡	您通常使用银行卡办理什么业务	1~4 种＝1分，5~9 种＝2分，不使用银行卡＝0分
	金融相关计算能力	利率	您知道目前银行或信用社的存款利率是多少吗	知道＝2分，不知道＝0分
		利率	您知道目前银行或信用社的贷款利率是多少吗	知道＝2分，不知道＝0分
		利率计算	假设银行的年利率是 4%，如果把 100 元钱存 1 年定期，1 年后可以获得多少钱	等于 104 元＝2分，小于或大于 104 元＝1分，算不出来＝0分
		利率计算	假设银行年利率是 4%，如果把 100 元钱存 2 年定期，2 年后可以获得多少钱	大于 108 元＝2分，小于或等于 108 元＝1分，算不出来＝0分

在对农村居民进行金融素养测度时，受访者回答错误与回答"不知道"存在本质区别。一方面，回答错误可能是由于询问过程较长，受访者出现了晃神、未听清楚问题的情况；另一方面，受访者接触过相关概念和知识后仍可能因为了解不深而回答错误，但回答"不知道"则多半是因为从未听说过相关概念。因此，我们将沿用 Lusardi 和 Mitchell（2005）对金融能力指标的处理方法，将"不知道"与回答错误区分开来，认为回答"不知道"的受访者更加缺乏金融素养。（对于未设置"不知道"选项的题目则只区分两个层次的金融素养）

由于是非多选类题目与多选类题目赋值方式不同，因此我们将使用变异系数法计算我国农村居民金融素养评价得分。

（1）标准化处理各题得分：$y_i = \dfrac{x_i - \min}{\max - \min}$。其中，max 为每题最高

分，min 为每题最低分。

（2）根据各题得分数据，分别计算各素养得分的平均数 $\bar{x}_i$ 和标准差 σ_i。

（3）根据均值和标准差计算各题的变异系数：$v_i = \dfrac{\sigma_i}{\bar{x}_i}$。

（4）将各题得分的变异系数加总。

（5）计算构成评价体系的 41 道题的权重：$W_i = \dfrac{v_i}{\sum_{i=1}^{n} v_i}$。

（6）将各题的标准化得分与对应权重相乘并加总即为该样本金融素养得分：$Score = \sum_{i=1}^{n} y_i \cdot w_i \cdot 100$。

三、我国农村居民金融素养状况

综合分析发现，多数农户的理财和保险意识淡薄，风险和信用意识较强，而金融知识了解单一，接受金融知识渠道较少，金融行为较差，几乎不进行融资、保险、理财等金融行为，金融技能差，简单金融计算能力弱，利率敏感性差。总体来说，我国农村居民金融素养水平偏低，但相对而言表现出的东西差异和南北差异如图 2-1 所示，即东部金融素养水平高于西部，南方农村居民的金融素养水平普遍高于北方，其主要原因是我国各地区发展历史和经济发展存在差异。

首先，我国农村居民的金融意识、保险意识、理财意识不强，调查样本地区的保险购买率和理财购买率不高，而且惧怕风险，不利于新型农业经营主体的培育。同时，我国农村居民普遍表现出偏重私人信用、忽视公共信用的特点，即在面临维护公共信用和维护亲戚朋友之间的私人信用时会选择维护私人信用，从而使得金融机构从事农村业务面临高信用风险。

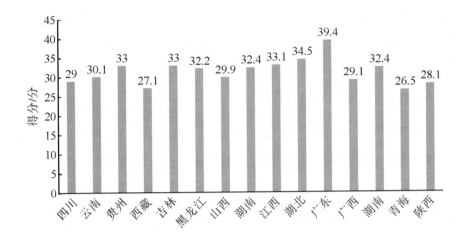

图 2-1 我国部分省（自治区）农村居民金融素养得分

其次，我国农村居民缺乏金融知识，有大部分农村居民无法完全理解金融合同的内容，许多农村居民购买金融产品都是政策引导和集体购买，缺乏对金融知识的了解，从而使得农村金融服务体系无法贴近农村居民的生产、生活。

另外，我国农村居民的金融行为表现较差，大多数农村居民奉行"小农经济"的经营模式，金融产品需求不足，"自我排斥"在农村金融服务体系之外。多数农村居民无法充分地利用自身周围的金融资源，也不能规范自身的金融行为，从而面临农村金融约束和金融排斥。

最后，我国农村居民的金融技能不足，多数人无法正确地计算出复利利息，大部分农村居民因自身知识缺陷不能进行移动支付，近一半的农村居民无法充分地利用银行的自动取款机（ATM）功能，甚至有的人不能独立操作存款和取现业务。

通过定量分析，我们发现，我国农村居民的金融素养整体偏低，且不同省（自治区）、不同区域的居民金融素养水平存在差异。不同省（自治区）的农村居民的金融素养得分不同，广东省最高为39.4分，远高于全国金融素养平均水平；西藏自治区和青海省最低，分别为26.6分、26.5分，低于全国金融素养的平均水平，说明经济发展水平与农村居民的金融素养水平息息相关。

如图2-2所示，华南、华中、东北、华北、西南、西北地区农村居民金融素养得分分别为33.8分、33.1分、32.6分、30.6分、29.1分和27.3分。由此可见，西南和西北两个地区的金融素养得分最低，低于全国平均水平。这说明，与中部、东部地区相比较，西部地区农村居民的金融素养水平相对较低。另外，在西部地区，西南比西北地区农村居民的金融素养水平高；在中部、东部地区，华南比华中、东北、华北地区农村居民的金融素养水平高。这说明，南方相较于北方地区农村居民的金融素养水平较高。

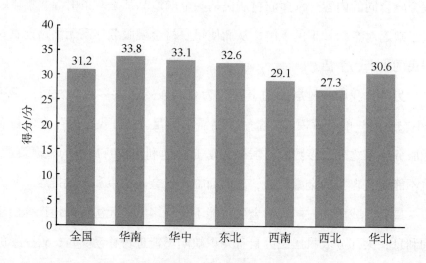

图2-2　我国各区域农村居民金融素养得分

通过东西和南北对比，我们发现东部和南方地区农村居民的金融素养状况更为乐观。这可能是东部和南方地区经济金融相对更发达，金融基础设施更完善，教育资源更多，农村居民对金融教育的投入也较多。因此，这些地区的农村居民对金融相关的知识技能掌握得更全面，也能更有效地利用金融资源合理规划自己的资金，做出更有利于自己的金融消费决策，从而降低系统性行为偏差，提高金融市场参与度并降低金融风险。与之相对应的是，西部和北方地区由于经济金融相对落后，农村居民能够接触到的各种金融资源和机会相对较少，因此其金融素养水平也较低。

四、农村居民金融素养调查的主要发现

（一）农村居民金融基础知识匮乏，金融技能单一

本次调查显示，东部地区农村居民的金融素养水平高于中部、西部地区，但农村居民的金融素养水平整体偏低。大部分样本农户仅对如何区分假币有所掌握。

以东北地区的数据为例，如图 2-3 与图 2-4 所示，在调研样本农户对金融知识的掌握情况时，绝大部分的样本农户（67.24%）表示了解如何区分假币这一金融知识，20.19% 的样本农户了解如何计算存款、贷款利息，13.11% 的样本农户掌握了 ATM 机、POS 机的使用方法，了解其余类别知识的样本农户较少；而在调研样本农户对网上银行和手机银行的使用情况时发现，7.00% 的样本农户使用过网上银行，7.31% 的样本农户使用过手机银行。

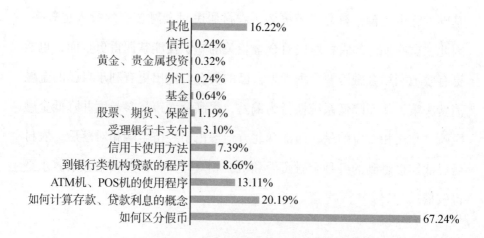

其他   16.22%

信托 0.24%

黄金、贵金属投资 0.32%

外汇 0.24%

基金 0.64%

股票、期货、保险 1.19%

受理银行卡支付 3.10%

信用卡使用方法 7.39%

到银行类机构贷款的程序 8.66%

ATM机、POS机的使用程序 13.11%

如何计算存款、贷款利息的概念 20.19%

如何区分假币   67.24%

图 2-3 　东北地区农村居民对基础金融知识的了解程度

东北地区农村居民使用手机银行、网上银行的占比很低，如图 2-4 所示。数据表明，当地的电子支付体系较落后，金融机构、村委会等组织对农户的金融教育、宣传不到位，从而导致农民所掌握的金融技能单一，基础金融知识掌握程度较差。

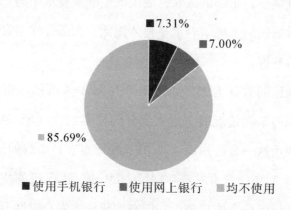

7.31%

7.00%

85.69%

■使用手机银行　■使用网上银行　■均不使用

图 2-4 　东北地区农村居民网上银行和手机银行使用情况

从华中地区的数据来看（以湖南省为例），如表 2-5 所示，当地农村居民的金融知识水平相较于其他地区较为低下，金融教育普及率低。

表 2-5　湖南省办理基础金融业务渠道

选项	银行柜台	自动取款机	村助农服务点	网上银行、电话银行	代办员、代理员	其他
样本数/个	2 611	870	135	76	23	281
比例/%	65.34	21.77	3.38	1.90	0.58	7.03

综合全国各地区的数据来看，农村居民整体的金融基本知识比较贫乏，金融技能单一，金融观念淡薄。

（二）农村居民缺乏有效获得金融知识的渠道

调查数据显示，60%以上的农村居民是从电视节目中获取金融知识，从宣传册与网络获取金融知识的占比为10%，其他途径则较少。显然，作为一种较具权威性的知识来源，政府与官方性金融机构的宣传并没有太高的普及率。而电视、网络等途径传递的信息并不一定准确，容易误导对金融领域知识了解并不多的农村居民。

结合对农村居民"希望获取金融知识的途径"的调查，农村居民更希望从互联网与政府普及两种途径学习金融知识，前者方便，而后者则具有权威性。然而，目前农村居民对金融知识获取途径的期望与事实存在一定偏差，其获得金融知识的途径仍然较为狭窄。因此，政府与相关金融机构应当在充分了解当地实际情况与农村居民的金融素养之后，有针对性地进行线下金融知识普及，并拓宽"互联网+金融教育"渠道，满足农村居民的需求。

近年来，信息化、智能化、科技化的浪潮以及时代发展的需要推动了农村地区互联网的发展。通过图 2-5 与图 2-6 的数据可以得知：71.55%的样本农户家庭已经开始使用智能手机，未使用智能手机的农户家庭仅占 28.45%；上网的农户家庭占比达到 57.13%，超过半数，不上网的农户家庭占比只有 42.87%。虽然部分地区存在网络发展不平衡、不全面的情况，但总体已较过往农村地区网络使用情况有所好转。互联网普及和发展是拓宽"互联网+金融教育"渠道的一个前提。

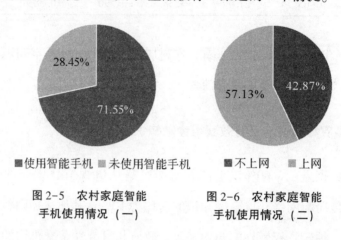

图 2-5　农村家庭智能
手机使用情况（一）

图 2-6　农村家庭智能
手机使用情况（二）

（三）农村居民保险意识淡薄，保险需求不足

我国农村地区对于保险的认知并不准确，甚至出现误解。在四川省调研过程中，我们发现有近 32% 的农村居民认为保险是骗人的，只有 24% 的农村居民认为保险并不是骗人的且具有实际意义，其余 44% 的农村居民则不确定保险是不是骗人的。

随着市场化经济的发展，农村保险需求不断增长。农村地区的保险需求主要源于农业生产所面临的自然和市场的双重风险以及医疗、养老、就业等方面的保险；此外，农村第二、三产业的发展和农村的市场化、城镇化过程也催生了不同的保险需求。西南四省区（四川省、贵州省、云南省和西藏自治区）的调查数据显示，88.13% 的样本农户购买了保险，97.62% 的样本农户购买了农村合作医疗保险、73.55% 的农户购买了农村养老保险（见图 2-7），这两种保险是政府民生工程的重要组成部分，覆盖面广，价格便宜，使用范围广，有国家信誉做保证，所以民众的购买意愿较强。但财产保险、农业保险等商业保险的购买率则不超过 20.00%，这说明民众购买社会商业类型保险的意愿不强。

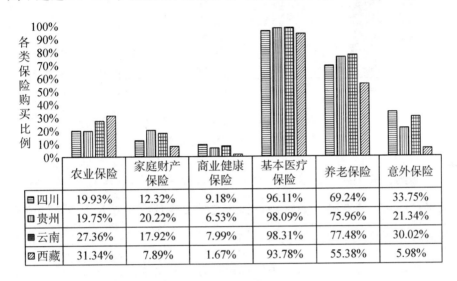

	农业保险	家庭财产保险	商业健康保险	基本医疗保险	养老保险	意外保险
四川	19.93%	12.32%	9.18%	96.11%	69.24%	33.75%
贵州	19.75%	20.22%	6.53%	98.09%	75.96%	21.34%
云南	27.36%	17.92%	7.99%	98.31%	77.48%	30.02%
西藏	31.34%	7.89%	1.67%	93.78%	55.38%	5.98%

图 2-7　保险购买类型

如图 2-8 所示，通过对农村居民了解保险的渠道分析，39.30%的农村居民都是通过保险销售人员上门推销来获取保险的有关信息，说明我国农村地区保险业务的宣传推广还有待加强，农村地区金融机构类型单一，以银行为主，无其他证券、基金公司辅助银行推广宣传保险知识，所以保险业务难以开展，市场开拓速度慢。

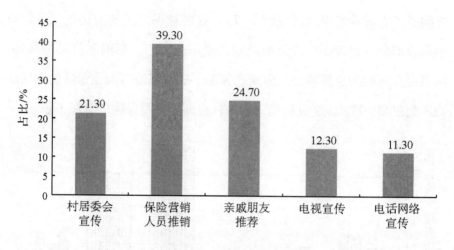

图 2-8　了解保险的渠道

案例： 在调研中，贵州省的王奶奶认为保险是骗人的。因为王奶奶购买过一份人寿保险，该保险合同规定需要连续每年存入 1 万元，直到第六年才会连本带息支付王奶奶 55 000 元，当王奶奶存到第三年认为只存钱却无收益，所以第三年停止继续存款并要求保险公司返还已缴纳的 2 万元，保险公司依据合同内容认定其违约，王奶奶索要未果，最后认为保险是骗人的。此外，四川省成都市 S 镇的政府工作人员认为保险是骗人的。据了解，主要原因是，农村保险销售人员过于激进，为了拿到业务大包大揽地宣传保险责任，加之农村居民的金融素养不够，无法有效地识别，导致之后无法理赔，从而使农村居民对保险产生了误解。

贵州省遵义市 Q 村委会带头组织了红梁生产合作社，因为是第一年众人情绪高涨，但是今夏刚刚经历了旱灾大规模减产，没有购买保险所以也无法理赔，许多合作社成员入不敷出开始退社。农村居民的保险意识不强和保险认知不够，阻碍了农村保险产品的开发和抑制了商业保险体系支持农业发展的效果。农业生产尤其是边远山区的农业生产，饱受旱涝等自然灾害的威胁，农业保险可以帮助农村居民有效地降低风险。

（四）农村普惠金融发展不充分，基础金融服务供给不足

金融机构为农村居民提供金融服务，是推动农村金融发展的中坚力量。目前，其服务质量还不够高，存在许多不足，主要表现为农村金融机构网点不足，办理金融业务的交易成本很高，简单的存储业务的交易成本大于银行存款的利息所得。在云南调研时，我们发现45.41%的农村居民认为办理业务的手续太复杂，应该简化手续，提升人们对金融机构服务的满意度；18.17%的农村居民认为应当在当地增设营业网点，以方便办理业务；10.92%的农村居民认为办理一次业务的费用过高，应当降低费用，达到惠民便民的水平；10.09%的农村居民认为金融机构应当增强服务意识，这才能增加该机构的业务量，当然也能让农村居民轻松放心地办理金融业务。具体见图2-9。

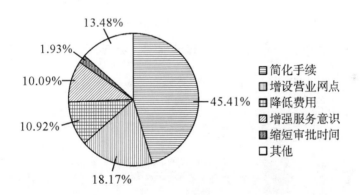

图2-9　农村居民对金融机构服务的需求

案例： 在贵州省遵义市习水县W镇Q村调研中我们发现，当地老百姓要办理金融业务大多数都需要去25千米之外的镇上办理。当地村民要了解相关的保险产品或者贷款方面的信息，只能间接地从亲戚朋友那里打听，不仅不完整还会因间接获取信息出现偏差。王先生和妻子因

建房需要一笔贷款，从妻弟口里听说镇信用社可以发放 5 万元的贷款，因此早上开始等车、坐车花了 2 小时才到镇上，见到镇信用社信贷部主任之后因其资格不符合白跑一趟，之后来来去去花了大量的时间和精力，经过很多次才获得这笔贷款。

（五）农村支付服务仍然以现金支付为主

如图 2-10 所示，在支付服务使用情况方面，大多数农村居民最常使用的是现金，其占日常消费支付手段的比例为 87.03%；第三方支付也得到了较好的普及，占日常消费支付手段的比例为 42.49%，位居第二，这说明数字普惠金融在农村地区已基本普及。随着智能手机的普及以及农村居民支付习惯的转变，农村地区在日常支出结算方式上的效率会不断提高；而农村网上银行和手机银行使用率则分别为 16.80% 和 17.20%。这表明，农村支付结算工具的种类单一，新兴支付服务没有普及。可以预测，在新农村建设的过程中，农村支付服务还有很大的潜在需求。

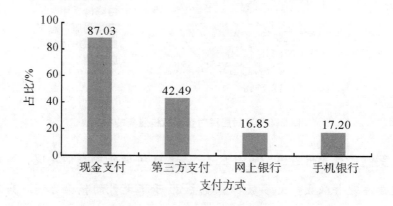

图 2-10　支付服务使用情况

在支付机具硬件设施方面，农村电子机具普及程度普遍很低，

75.38%的农户反映在本地区没有电子机具，而拥有 ATM 机、POS 机、扫码支付机的比例分别为 13.86%、8.32%、6.58%，这些支付终端的缺乏造成支付服务缺乏创新动力。因此，要想改变农村支付结构，促进新型支付方式的发展，则需要加大基础设施建设力度。

在第三方支付方面，全国范围内有 42.49%的农户使用过第三方支付工具进行收、付款，这个数据在全国各省（自治区、直辖市）之间也都比较均匀。这表明，随着支付宝、微信支付等第三方支付工具在样本区域的兴起和推广，越来越多的农村居民开始使用第三方支付工具开展经济活动，但目前还未全覆盖，因此可以推测农村居民在第三方支付工具方面仍存在很大的需求潜力。

在不使用第三方支付工具的原因调查中，我们发现大多数居民不知道这种支付方式的存在，占 64.73%（见图 2-11）。而在不同地区之间，经济发展落后的地区由于不了解而不使用第三方支付工具的比例更大一些。

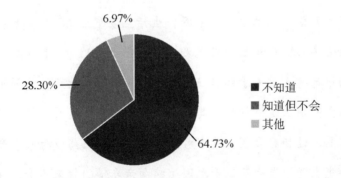

图 2-11 第三方支付工具未使用原因分析

案例：随着互联网的快速发展，移动支付成为新时代主流的支付方式，但在农村考察时，我们却发现城市里随处可见的二维码不见了踪迹。现今农村支付服务很大程度上仍然以现金支付为主，新型支付手段发展十分落后。一方面，农村劳动力的流失使得留守在农村的多是上了年龄的老人或年幼的儿童，农村老年人的文化水平非常低，接触新鲜事物的渠道狭窄，并且对于网络大多持有抵触态度，根本不了解移动支付。访问中，我们发现农村很多人连自己的手机是不是智能手机都无法判断，大多数是通过访员查看对方手机来进行判断。在四川省江安县下村访问时，我们发现很多人使用的都是村委会统一发放的老年手机。另一方面，农村商家较少，可进行移动支付的场所更是鲜见，农户之间的金钱来往都是小额且不频繁，相对于不熟悉移动支付操作的农户而言，与其选择可能由于自己操作不当造成财产损失的移动支付，倒不如直截了当地支付现金。对他们而言，现金更安全、更实在、更熟悉。相较于支付宝支付，当地村民更加喜欢使用微信进行支付，一是微信聊天、微信朋友圈已经成为其生活中必不可少的部分，并且微信的红包功能简单易操作；二是当地农村居民利用手机支付只是进行小于200元的小额资金操作。

黑龙江省受访者师先生，性别男，年龄65岁，身体健康状况不佳，子女生活不富裕，无稳定经济来源，生活主要凭借60岁以上农村社会养老保险金70元/月和土地外包租金7 000~8 000元/年维持生计。该受访者的银行卡主要用于领取社会养老金，补贴发放后，需要用钱时再去取，不会使用上述银行卡的其他金融服务功能，没有存款，所有银行业务均需要通过柜台办理，没有智能手机，看病买药成为家中最主要的花销。师先生家中尚有两三千元因生病向亲友借的款未还清，目前暂时无其他借款需求。

（六）农村地区信用卡服务并未得到广泛认可

从农村居民信用卡的拥有情况来看，信用卡在农村地区的普及程度极低，全国农村范围内仅有17.20%的农村居民拥有信用卡，在有些省份，甚至仅有 6.60% 的农村居民拥有信用卡；在办理了信用卡的农户之中，选择农业银行和农村信用社的占比最大，占 63.98%（见图 2-12）。由此可知，信用卡服务在农村地区并没有得到普及。

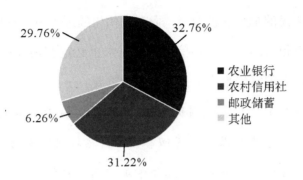

29.76%　32.76%

6.26%

31.22%

■ 农业银行
■ 农村信用社
■ 邮政储蓄
▨ 其他

图 2-12　农村居民信用卡开户行情况

从信用卡拥有者对于信用卡的使用情况看，46.61% 的农村居民有使用过信用卡的分期付款，51.62% 的农村居民有使用信用卡的透支服务。62.15% 的调查者有使用两种服务功能中的其中一种，37.85% 的调查者虽然办理了信用卡但没有使用信用卡的信贷功能（见图 2-13）。由此可知，农村居民对于信用卡业务的了解程度还远远不够。

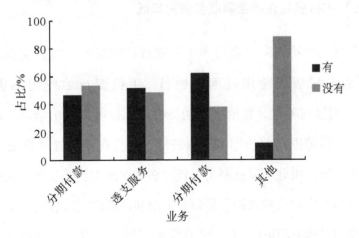

图 2-13　农村居民信用卡业务使用状况

而对于不使用信用卡的原因，超过半数的农村居民表示，不知道信用卡是什么，不知道信用卡有什么功能，这说明农村金融业务宣传推广并不深入；同时表现为农民自身觉得不需要了解信用卡的相关功能，也反映出农村居民的金融意识淡薄。而在现代化的进程中，农村居民的思想观念必将有很大的改变，对信用卡的需求也必定有很大程度的提高，所以加强信用卡的宣传推广工作显得尤为重要。

案例：在四川省九寨沟调研之时，被访者张先生被询问"是否拥有信用卡?"。在张先生做出肯定回答之后，然后继续询问是哪个银行的信用卡之后发现，张先生认为信用卡是"信用社的卡"。张先生对于信用卡的概念和功能完全不清楚，而且当地大多数居民不了解信用卡的功能。这些农村居民认为，存折尽管用起来不方便，但因已经习惯存折的使用，并且在每次取钱之后其余额和交易记录都可以在存折上清楚地看到，非常放心。相反，这些农村居民认为将钱存在信用卡里，仅仅只可以看到一张卡并无其他信息，所以很不安全。

（七）农村居民在线金融服务使用率低

在调研农户使用网上银行和手机银行的情况时，我们发现，仅有16.85%的农村居民使用过网上银行，手机银行的使用率也仅为17.20%。而且与各省（自治区）的分析对比也可以得出结论：在线金融产品在全国范围内的使用率普遍较低，而且在不同省（自治区）之间有较大差异。由此可以推断出，新型在线金融工具并没有在农村地区得到很好的推广。在对四川、贵州、云南和西藏的农村居民不使用网上银行的原因进行分析时，超过60.00%的农村居民表示不知道网上银行的存在，而这也成为制约农村在线金融产品推广的最重要原因，如

图2-14所示。因此，相关金融产品在农村地区的宣传推广则显得尤为重要。

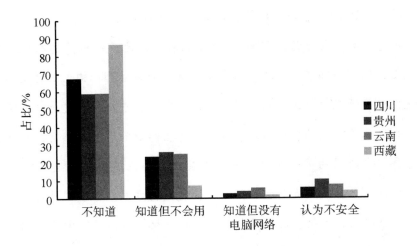

图2-14　不使用网上银行的原因

再看其使用情况，在使用网上银行和手机银行办理的业务中，33.00%的业务为转账，所占比重最高；其次为汇款、网上购物、缴费，其占比分别为19.00%、19.00%、16.00%（见图2-15）。通过这些数据，我们初步判断，农村具有可观的在线金融业务发展潜力。

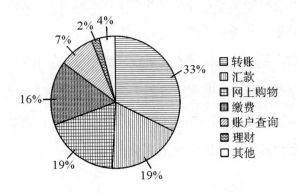

图2-15　在线金融业务使用状况

案例： 在调研中，我们发现有农户对于在线金融服务的使用状况和当地地域偏远程度以及农业发展状况有很大关系，如云南省楚雄彝族自治州双柏县的 M 村。该村位于山尖上，距离双柏县城有半小时的车程（均是盘山公路）。当地种植作物以荞麦、烤烟为主，村中大多为 50 岁以上的老年人，其中访问到一位 56 岁的农户，他是当地普通村民的典型代表，仅有一部老年手机。村中没有信用社等金融机构，支付宝和微信也仅仅是听在外打工的儿子说过，网上银行和手机银行更是没有听说过。当地属于典型的自给自足、以土地为生的小农经济。相反，同样在楚雄彝族自治州的另一个县——禄丰县，我们在该县 D 村村委会发现当地村民大多会使用支付宝、微信等快捷支付方式。在手机银行和网上银行的选择上，D 村村民大多都仅仅使用手机银行，而很少使用网上银行，一部分村民对于网上银行和手机银行的区别并不清楚。

（八）农村居民理财意识弱，理财需求低

农村理财服务相对落后，不能很好地满足农村的投资理财需求。目前，农村金融机构虽然推出了部分理财产品，但大部分农村地区的金融机构还没有开办理财业务，即便是开办了理财业务的金融机构，其可供投资者选择的理财种类也不多。

农村理财产品的购买情况不容乐观。数据显示，只有 6.00% 的农村居民购买过理财产品。且购买渠道单一，基本上集中在银行和移动支付平台购买，分别占 49.00% 和 34.00%（见图 2-16），而其他途径如在 P2P 网络平台和其他金融机构则几乎没有购买过。

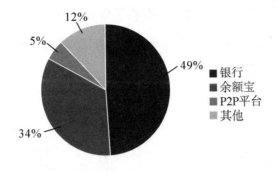

图 2-16　理财产品购买渠道

对于购买了理财产品的农户，46.40%的农村居民是自己独立判断而购买，其他主要是由于村委会、金融机构、亲戚朋友推荐而购买，分别占 28.70%、9.60%、8.90%（见图 2-17）。由此可见，农村居民对于理财产品的了解渠道单一，理财产品的推广主要靠熟人推荐和机构推销宣传。

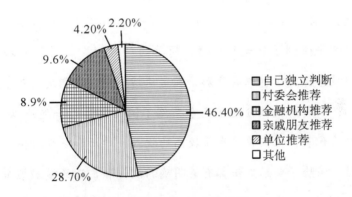

图 2-17　理财产品购买原因

就居民教育程度的角度而言，教育程度越低的被访者购买理财产品越依赖其他渠道，教育程度越高的被访者则更倾向于通过余额宝和 P2P 平台购买。这主要是，教育程度低的消费者对理财产品的理解程度较低，对网络技术应用不熟悉，只能通过人工的一对一介绍和引导才选择购买，而且对高收益、高风险的 P2P 平台使用比例低；文化程度高的农户，他们能自主了解理财产品的利弊，并能通过网络平台选择适合自己偏好的理财产品，见图 2-18。

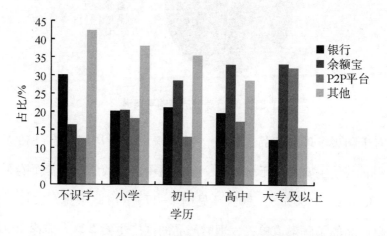

图 2-18　不同教育程度购买理财产品渠道分布

案例："你不理财，财不理你"这样一句耳熟能详的谚语在深入农村家庭时似乎遇到了巨大的难题，简单的"理财"二字，在朴实的农户眼中却被涂抹上了神秘的色彩。在实地访问中，我们发现对于理财方面的认知，农村居民被分为了两个截然不同的群体：一类是以村干部、专业大户为代表，他们普遍有着较高的收入、学历和社会地位，对于贷款、理财、保险等金融知识都有着明确的认识和广泛的接触渠道。四川江安县 D 村的一名村委会干部，家中最高学历为硕士，家庭融资需求高达 200 万元，对于理财有着准确清晰的认知，对问卷设计中的 11 种常见理财产品都有所了解，并持有若干除银行存款外的金融资产。这一类人在广大农村居民中的占比不到 5%，但有着超乎普通人水平的理财意识和理财需求。另一类人则是以普通农户为代表的绝大多数农村居民。他们有着不同的经历，但对于理财的认知却出乎意料的一致——不知道、不了解、不需要。当问及"理财就是有钱人的事,您认同吗?"一位来自贵州省息烽县 L 村的大伯义正词严地对访员说:"你这个问题真是没有意义!钱都没有还理什么财!"生活水平的落后与文化知识的缺失,使绝大部分普通农户对于理财既没有准确的认知也没有理财的需要,这也是促使他们长期处于被动生活状态的一大重要原因。

第三章　农村居民金融素养的影响因素

一、改革开放程度比较高的地区农村居民金融素养水平高

此次调查发现，农村居民提升自身金融素养的途径主要有两种：一种是"摸着石头过河"的干中学，即事后总结；另一种是金融教育，即在专业的金融教育机构获得系统性、专业性的知识培训，从而提升自身的金融素养。"摸着石头过河"的金融素养提升方法，包括与亲朋好友交流，办理各种业务，总结经验教训。这种金融素养的提升方式使得学习者需要承担巨大的试错成本。相比之下，金融教育则是系统性、综合性的金融知识事前学习，从而可以防止产生上述各种试错成本。

无论是上述哪种途径，事实证明，经济发展较好、改革开放程度较高的地区其农村居民金融素养水平明显高于其他地区。首先，改革开放程度较高的地区，其市场发展水平较高，金融机构和金融服务体系相对完善，金融市场竞争激烈，政府（为了降低地区系统性风险、遏制金融诈骗和促进当地经济发展）和金融机构（为了提高竞争力和减少信用风险）基于不同的动机一致地对当地农村居民进行金融知识教育，

使得当地农村居民有更多的机会接触到金融产品和金融知识。其次，改革开放程度较高的地区，金融知识学习的边际收益显著高于改革开放程度较低的地区，所以农村居民自发学习金融知识的积极性较高，加之其经济能力较强可以支付金融学习费用，从而其金融素养水平较高。最后，改革开放程度较高的地区，政府对金融教育比较重视，所以农村居民金融素养水平也较高。

二、农村居民金融素养与区域经济发展状况联系紧密

区域经济发展状况与农村居民金融素养呈正相关关系，区域经济越发达，农村居民生活水平越高，享受金融服务的意识越强，获取金融知识的渠道越多，金融素养也相对越高。同时，农村居民金融素养越高的地区，其区域经济也越发达。两者之间相互影响、相互促进。

区域经济发展良好的地区农村居民金融素养普遍较高。在东、中、西三个地区中，东部地区经济最发达，相应的农村居民金融素养也是最高的，群众整体金融意识相对较强，地区经济发展和金融生态环境较好；中部和西部地区经济相对落后，因此对应的农村居民金融素养也相对较低，如图3-1所示。

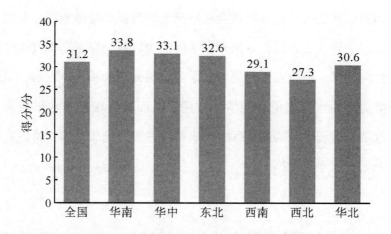

图3-1　全国各区域农村居民金融素养得分

　　下面从地区生产总值（GDP）、地区生产总值增长率、城镇化比率、产业结构高度（第三产业占比）四个衡量区域经济发展的指标来分析区域经济发展状况对于金融素养的影响。

　　首先在 GDP 方面，GDP 高的省（自治区、直辖市），其区域经济越发达，理论上农村居民金融素养应该越高。但从我们调研得到的农村居民金融素养得分来看，其与 GDP 发展水平有相关性，但并不强。如图 3-2 所示，广东省的 GDP 最高，对应的农村居民金融素养得分也最高，这符合结论。但农村居民金融素养得分居前列的海南，其 GDP 排名则相对靠后。从这个实例中，我们发现不能单纯以 GDP 作为衡量区域经济发展的标准，GDP 还受区域人口、面积、资源等因素的影响。全国部分省（自治区）GDP 和农村居民金融素养得分见图 3-2。

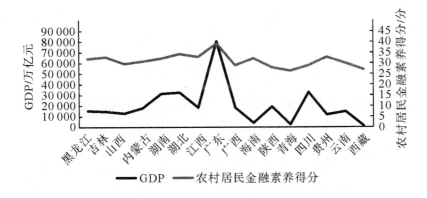

图 3-2　全面部分省（自治区）GDP 和农村居民金融素养得分

全国部分省（自治区）地区生产总值增速和农村居民金融素养得分情况见图 3-3。

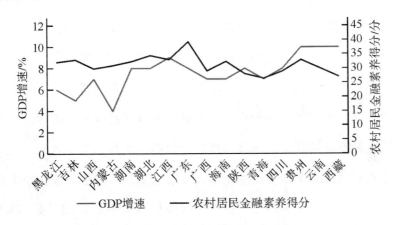

图 3-3　全国部分省（自治区）GDP 增速和农村居民金融素养得分

基于以上原因，我们考虑到用地区生产总值增长率这个指标来考察其与农村居民金融素养的相关性，从而排除各省（自治区、直辖市）由于面积、人口等方面的因素对于用 GDP 总量作为衡量区域经济发展的影响。

从图 3-3 中可以看出，农村居民金融素养与地区生产总值增速的相关性也没有达到预期，这关键在于地区生产总值增速表现的是区域经济发展增量速度，对于现已很发达的省（自治区）来说，地区生产总值增速较低，但实际经济水平较高，而地区生产总值增速高的省（自治区），则是因为之前年份其地区生产总值基数小，实际经济发展水平并不高。因此，我们发现，地区生产总值增速也不能作为衡量区域经济发展水平对农村居民金融素养影响的唯一因素。

通过对多个衡量区域经济发展的指标进行相关性分析，并考虑了其他作用因素，我们发现，城镇化比率和产业结构高度（第三产业占比）能够反映出区域经济发展状况与农村居民金融素养所具有的高度相关性，能反映出区域经济对于农村居民金融素养的重要影响。

从图3-4、图3-5中可以看出，农村居民金融素养得分的曲线分布与城镇化比率和产业结构高度的曲线分布具有很高的一致性。这说明，城镇化比率越高、产业结构高度化水平越高的省（自治区），其农村居民具有更高的金融素养。显然，城镇化比率和产业结构高度与区域经济发展程度是正相关的，因而实质上也就是区域经济越发达的地区，其农村居民金融素养越高，这与我们理论分析的结论是完全吻合的。区域经济对于农村居民金融素养的主要作用方向分别是农村居民收支水平和农村金融服务两个方面。首先，在农村居民收支水平方面，区域经济越发达，农村居民收支水平越高，对于金融产品的需求就越高，相应地农村居民金融素养也就越高。调查分析发现，农村家庭总收入、总支出与金融素养均呈正相关关系，农户家庭年均收入与年均支出和家庭金融素养状况均呈正相关关系，即家庭年均收支水平越高，其金融素养水平也越高。这告诉我们，区域经济越发达的地区，其农村居民金融素养越高，而由于金融素养与农村居民收支水平之间的正相关性，高的金融素养又将带给农村居民更高的收支水平，从而将进一步推动该地区区域经济的发展。其次，区域经济越发达，农村金融服务越完善，金融机构越多，可提供的金融服务种类也就越多，农村居民就能接触到更多的金融业务、接受到更完善的金融服务，因而其金融素养也会相对较高。金融服务的完善，可以让农村居民有更多的机会接触到金融知识，了解金融产品，形成金融意识。而区域经济越发达，金融服务水平相应提高，农村居民的金融素养也随之提升。通过上述分析，我们可以得出以下结论：区域经济发展状况是影响农村居民金融素养的关键性因素，其与金融素养呈正相关关系。在区域经济越发达的地区，其农村居民收入水平越高，农村金融服务越完善，因而其会有更高的农村居民金融素养水平。

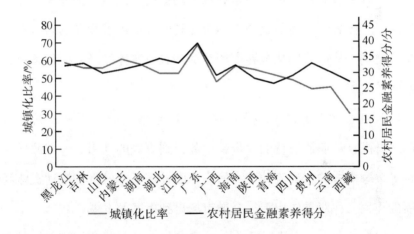

图 3-4　全国部分省（自治区）城镇化率和农村居民金融素养得分

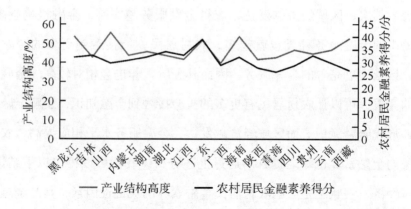

图3-5 全国部分省（自治区）产业结构高度和农村居民金融素养得分

同时，随着农村居民金融素养水平的提高，区域经济发展也相应有所提高，具体表现在高的金融素养对应高的金融需求和高的新型农业经营主体比例，从而分别从金融市场经济和农业实体经济方面带动农村区域经济的发展。

（1）在金融需求方面，随着农村居民金融素养的提升，其金融需求随之升高，从而使银行的存贷款业务得到更好的利用，一方面增强了银行等金融机构的金融流动性，另一方面发挥了金融机构推动实体经济发展的作用。在双重作用下，金融市场得到更好的发展。

如图3-6所示，农村居民的金融需求与金融素养密切相关。随着农村居民金融素养得分的上升，其对于保险和贷款的需求率都在逐渐上升，而贷款满足率则略微呈"U"形趋势，在21～40分的得分区间达到最小值，之后逐渐回升。对于贷款满足率这一不寻常的变化趋势分析原因后认为，金融素养得分在0～20分的农村居民对于贷款的需求率极低，因此其得到满足的可能性也随之增大。而金融素养得分在21～40分的农村居民，一方面拥有较大的金融需求量，另一方面由于金融知识不够完备而难以使其需求得到满足，因此会在这一区间出现"峰底"。

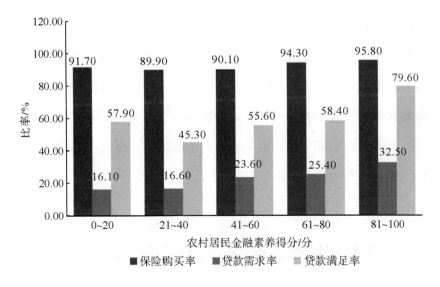

图 3-6　农村居民金融素养得分与金融需求的占比

（2）随着农村经济的发展，新型农业经营主体在农村也越来越普及，其对于农业经济起着强大的带动作用。在调研中，我们发现，金融素养越高的农村居民，参与新型农业经营所占比例越高。

不同金融素养水平的农村居民在新型农业经营主体中的占比见图3-7。

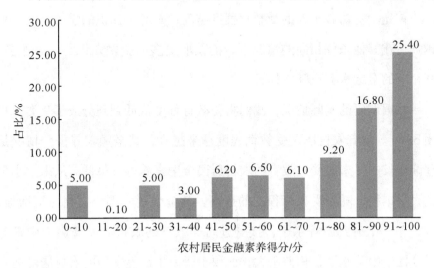

图 3-7　不同金融素养水平的农村居民在新型农业经营主体中的占比

随着农村居民金融素养得分的升高，其在新型农业经营主体中所占比例也相应上升，两者之间呈正相关关系，这表明金融素养高低与农户是否为新型农业经营主体密切相关。这一相关性可以解读为具备高金融素养的农村居民对于农业经营方式的选择有了更高的标准，其基于不同农业生产方式对应的金融风险和收益的考虑增多，因而选择了效益最高的新型农业经营模式。

三、农村居民受教育程度越高其金融素养越高

金融素养和受教育程度呈正相关关系，受教育程度越高，金融素养得分越高。在这里，我们选取了两个指标来衡量金融素养与受教育程度的关系，一个是受访者本人的受教育程度，另一个是受访者家人的最高学历。

首先，受访者本人的受教育程度越高，其对于知识的学习能力也就越强，在其他条件相同的情况下，能获取更多的金融知识与金融服务，其相应的金融素养也随之提升。

根据调研的实际情况，我们将受教育程度从低到高分成了9类（见图3-8）。随着农村居民受教育程度越来越高，其金融素养得分情况是逐渐增长的。未接受过教育的农村居民金融素养得分最低。从未上小学到大学本科，随着受教育程度的提高，其金融素养得分也相应地增加，从"差"上升到中等水平，接受过高等教育的农村居民普遍金融素养得分处于中等水平，相差不大，而硕士研究生以上学历的农村居民拥有最高的金融素养得分，说明高等教育在硕士研究生层面才开始对金融素

养有一个大的影响。这也与我们预期相同，受教育程度越高，对于知识的接受能力越强，从而可以在相同的条件下获取更多的金融知识，从而具有更高的金融素养。

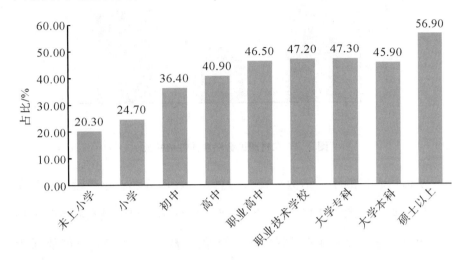

图 3-8   不同受教育程度的农村居民金融素养得分占比

四、农村居民金融素养表现出鲜明的年龄和性别特征

根据调查结果，农村居民金融素养与年龄、性别状况密切相关。从不同性别来看，总体上男性的金融素养水平高于女性；从不同年龄段来看，金融素养最高的年龄段为 18~30 岁，超过 30 岁的年龄段金融素养呈下降趋势。

如图 3-9 所示，本次调查的样本农户总体金融素养平均分为 31.17分。其中，男性的金融素养得分平均值高于平均分（为 33 分），女性的金融素养得分平均值低于平均分（为 28.55 分）。由此可见，我国农村居民的金融素养整体水平是男性高于女性。

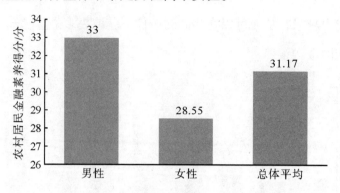

图 3-9　农村居民金融素养性别特征

从样本农户的年龄结构来看，其金融素养得分随着年龄段的上升先递增后递减。如图 3-10 所示，低于 18 岁的样本农户金融素养得分平均值为 36.95 分，18~30 岁的样本农户金融素养得分平均值达到峰值（为44.9 分）。超过 30 岁的样本农户金融素养随着年龄增加而下降，31~45岁的样本农户金融素养得分平均值为 37.63 分，46~65 岁的样本农户金融素养得分平均值为 27.56 分，高于 65 岁的样本农户金融素养得分平均值达到最低值（为 18.98 分）。

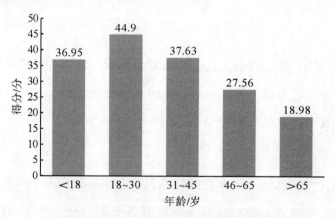

图 3-10　农村居民金融素养年龄特征

五、农村金融机构和金融服务供给水平与农村居民金融素养成正比

调查数据显示，农村居民除了从网络或者政府机构和非营利组织获得金融知识之外，更多的是在办理金融业务之时从金融机构和金融从业人员之处获得金融知识，了解金融产品。当本村的金融服务和金融机构比较发达之时，该村村民的平均金融素养水平就会明显高于本地区金融机构和金融服务供给不足的村子，如图3-11所示。

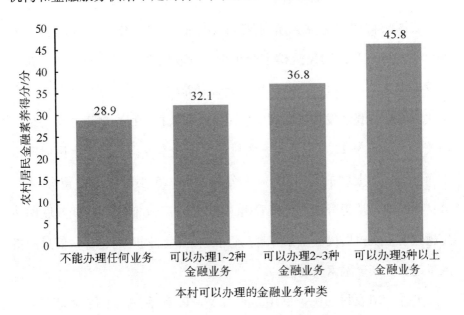

图3-11　本村可办理金融业务种类和金融素养状况

一方面，农村居民金融素养更加偏重技能和应用，因此学用结合的学习方式可以使得农村居民快速地获得相关知识；另一方面，农村金融机构和金融服务是农村居民接触金融知识、金融产品的第一渠道，所以

如果该地区农村金融机构和金融服务的供给水平高，其农村居民的平均金融素养水平就会相对高。

六、新媒体发展有助于提升农村居民金融素养

新媒体对农村居民生活产生了重大影响。数据显示，新媒体发展进入大数据时代，农村居民使用互联网、无线通信网、有线网络以及电脑、手机、数字电视机等终端的时间越长，获取金融知识的机会就会越多，其金融素养水平就会越高。

我国农村居民金融素养随着新媒体的发展变化在不断提升。从2013年至今，我国网民规模不断扩大，互联网普及率不断提升，新媒体发展迅速。这为我国农村居民的金融素养提升提供了很好的契机。在本次调研中，我们发现互联网的使用水平和农村居民金融素养水平呈正向关系。从图3-12可以看出，农村居民金融素养得分随着上网时间增加而增加，不上网的得分为30.1分，上网4.5小时以上的得分为43分；同样地，从得分走势可以看出，走势向右上方倾斜，说明互联网使用越频繁，农村居民金融素养越高；农村居民上网时间越长，信息的摄入量越多，其金融素养越高。

另外，用农村居民家庭中是否有 Wi-Fi 和平均日上网时间一起来衡量农村家庭的互联网使用情况，对有 Wi-Fi 的农村家庭赋值为2，无 Wi-Fi 的农村家庭赋值为0，上网时间越长赋值越大，采取变异系数法得到互联网使用状况的综合分值，进行相关性分析发现两者的相关系数为 0.17，再次从侧面证明农村居民使用互联网有助于拓宽其信息渠道，

从而获得更多的金融知识、提升其金融素养。

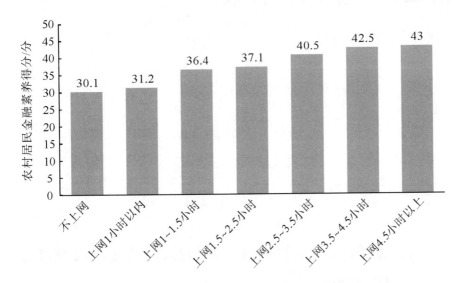

图3-12 不同上网时间群体的农村居民金融素养得分

第四章　思考及建议

一、金融监管部门和教育部门应做好金融普及教育的顶层设计

金融普及对于我国"三农"经济发展和社会进步具有重大意义，在过去的 10 年里，金融普及教育的重要性逐步上升。金融普及教育是一个循序渐进的长期工程，不能一蹴而就。金融消费者通过信息、客观的建议提升对金融产品、概念和风险的理解，培育其应对金融风险和机遇的技能与信心，从而做出恰当的选择。金融素养作为金融教育过程的产物，是个体必需的生活技能。现阶段，金融普及教育国家战略正逐渐被全球各地的政策制定者付诸实施，而我国金融普及教育相对滞后，无法满足金融发展的需求。

我国金融教育的主要推动者是一些公益性组织和社区，并未获得政府的广泛支持，缺乏一个系统、权威的机构统一配置金融教育资源与推进金融普及进程。我国政府必须充分地认识和重视农村居民金融素养的价值与意义，将金融普及教育上升为国家行为。中央银行和相关金融监

管部门是我国金融发展的有力推手，在金融教育和金融普惠方面拥有得天独厚的优势。因此，必须发挥中央银行和相关金融监管部门在金融教育与金融知识扶贫的主导作用，会同教育部门制定金融普及教育国家战略，并统筹各方资源建立一个金融教育的战略框架、设置总体目标、制定法规，确保金融普及教育国家战略的持续和有效实施。中央银行和金融监管部门会同教育部门从国家层面制订长期规划持续推进整个金融教育的进程，将金融普及教育纳入乡村振兴、精准扶贫和普惠金融战略，大力推进金融教育和知识普及，切实提高农村居民金融素养水平。

二、将金融普及教育纳入国民教育体系

近年来，我国农村地区的社会服务和市场服务体系在逐渐完善，然而由于"知识贫瘠"和"思维贫困"的短板效应使得服务效果不尽如人意。短板效应同时也减小了我国金融体系支持"三农"经济发展和服务弱势群体的力度，使得我国已有的金融服务体系"心有余而力不足"。

我国应该借鉴国外的经验，尽快制订金融宣传教育五年规划，对金融普及教育的主要任务、实施步骤、保障措施等做出具体安排，有计划、有步骤地推进金融普及教育。同时，建议教育部门进一步发挥学校教育的作用，在小学阶段对学生进行初步的金融知识教育，让学生从小就接触金融、了解基本的金融知识；在中学阶段逐步增加有关讲解金融知识的课程，帮助学生熟悉生活中经常遇到的金融现象，树立初步的金融消费、理财理念和金融安全观念；在大学阶段把金融学等有关课程作

为各专业必修的公共科目。

政府应尽快将金融教育纳入国民教育体系，使国民从小接受金融教育，提升全民金融素养。金融教育普及应该以课堂教育为抓手，在现行的教育课程体系下纳入有关金融教育的课程、渗透金融知识。在学校内建立金融教育示范基地、教学实践基地等，比如金融 e 课堂。尽快将金融普及教育纳入国民教育体系中，让青少年在义务教育阶段接受系统的金融知识教育。

三、加强农村信用体系建设，优化农村金融生态环境

加强农村信用体系建设，是消解金融排斥和金融普及教育、均衡金融资源的重要手段。农村居民树立诚信意识、提高诚信水平就是金融普及教育、提升金融素养的过程。

一是以宣传教育为抓手，向农村居民普及个人信用和征信的相关知识，增强农民的诚信意识以及帮助农民建立维护个人信用的重要认知。在各种金融知识宣讲中，结合农村地域特点，针对农村客户对征信的相关知识并不了解这一情况，重点对如何建立个人信用和使用个人信用进行宣传。

二是将诚信教育与道德教育和当地文化建设相结合，并营造以法律为保障的农村信用环境。让农村中讲诚信、重诚信的农民获得更多的信贷支持，让讲诚信的企业可以获得更多的金融服务，简言之，即让诚信者得利。而对于不讲诚信的企业和农民接受舆论的监督与法律惩戒，以

诚信和不诚信正反两方面典型作为宣传工作的突破口，以起到以点带面的示范效应，进而传播金融文化、普及金融教育。

三是充分发挥地方政府、人民银行、金融机构和社会组织的协同作用，加强农户信用体系建设，治理和改善农村信用环境，为金融服务"三农"创造良好的信用环境。

四、鼓励农村金融机构开展具有针对性的金融知识教育活动

金融知识、金融新产品的普及推广是一项长期性系统工程，其涉及对象情况各异、普及内容需逐步更新。所以，在普及推广金融知识和金融新产品工作中，要鼓励县域农村金融机构网点不断地对农村居民开展金融知识普及教育活动。基层金融机构要与政府职能部门、广播、电视等多方协调联动，采取灵活有效的方式，因地制宜，充分发掘利用好现有资源，构建纵横上下群体的网络机制，构成强大合力，提高宣传普及金融知识的效果。

一是基层金融机构要把普及金融知识摆在突出位置上，提高公众金融素质。协调政府和多种社会渠道，向公众提供金融知识、金融信息，定期组织和开展大众金融知识、金融新产品培训，为普及金融知识搭建平台。

二是金融机构要切实担当，增强责任意识。各金融机构要牢牢掌握工作主动权，敢于作为、主动作为、积极作为，提高金融知识普及宣传

频率，使公众对金融知识的学习变被动为主动，以此不断提升金融品牌知名度。

三是创新金融知识普及机制，延伸触角。搭建经常化、常态化、网络化、制度化的形式多样的金融知识学习普及平台，广泛运用有效载体进行金融知识的宣传推广，并纳入金融工作范畴，与金融工作同部署、同计划、同检查、同考核。通过采取贴近百姓现实生活的内容和喜闻乐见的形式，真正把应知、应会、应懂的金融知识传授给广大群众，使群众在日常生活和轻松和谐的环境中，尽量多地了解和掌握金融知识，学会利用金融工具理财，积极参加保险，选择正确的投资渠道和方式，避免因缺乏金融知识的错误选择而造成损失。

五、充分利用数字技术手段，推动金融教育和金融知识普及

新媒体具有及时性、交互性、共享性等特性，是人们在现代生活中获取知识、体现自我和参与社会的重要平台。在金融知识的宣传推广中，新媒体具备高效的实用价值和巨大的发展潜力。研究表明，农村居民的金融素养与网络使用情况呈正相关关系，上网时间越长其金融素养水平越高。随着上网时长的增加，保险购买率与贷款满足率呈逐步上升趋势；贷款需求率和贷款额度上升幅度虽然逐步缩小，但依旧呈上升趋势。数据还显示，相较于传统的报纸杂志、电视类节目，学习能力相对局限的农村居民更加偏好网络小视频、在线学习等富有趣味性、便捷性

的学习方式。

金融知识的传播，离不开扎实有效的宣传推广，"新媒体+金融知识"的新型宣传模式的重要性不言而喻。金融知识的宣传既要创新形式，又要注重实效。借助新媒体的优势，利用移动通信和互联网技术，利用理念创新、方法创新，借助微博、微信、微电影等新媒体，让金融知识的宣传形象生动、高效快捷，易于接受。此外，互动性是新媒体的基本特征之一，这一特征可以激发个体在知识传播中的能动性，构建一种全新的知识传播关系。满足贫困农户的金融教育需求，需要充分挖掘新媒体的这一功能，搭建金融教育互动自助平台。在相互信任的基础上交往互动，彼此分享金融知识和经验，以此满足其对金融教育的需求，提升其个人金融素养。因此，要加快对移动通信、互联网基础设施的普及，借助新媒体使农村居民在提升金融素养方面实现跨越式发展。

六、加强农村金融体系建设，扩大金融服务覆盖面

应继续整合农村金融资源，合理布局农村金融机构网点，积极推动各项金融服务向农村下沉。充分挖掘现有农村金融机构职能，不断推进服务模式创新，尤其是要发挥现有助农取款点和综合服务站的便民作用，降低农村金融服务成本，提高农村金融服务供给的质量。基层金融机构在满足农村居民金融需求中提升其金融素养。继续增加农村地区金融机具的投放，推进农村地区村镇银行和农商银行网点的设置，全面提高农村地区金融服务供给水平。

首先，金融机构必须深化服务和创新产品，综合考虑农村金融业务高风险和小规模的特征，改变已有金融机构的福利性支农思维，寻找农村金融业务的利润点和经济性激励点，进而长期服务"三农"经济；其次，因地制宜围绕"三农"经济和农村社会现状打造现代化创新型金融企业；最后，以推进普惠金融为出发点，拓展金融体系服务的深度和广度。

附　录

一、各地区农村居民金融素养状况

（一）西南地区

西南地区农村居民金融素养平均分为 29.1 分，农村居民的整体金融素养水平偏低。

1. 金融意识

我国西南地区农村居民金融意识得分为 62.2 分，农村群体的整体金融意识不强。这说明，虽然该地区的农村居民对于金融有着较为规范和普遍的认识，但其金融意识依然较为淡薄。

当地农村居民对金融风险持规避态度，风险承受能力较低，风险承担意识不强。调查数据显示，当问到"如果您现在面临两种选择：第一种情形是您有五成的把握获得 8 000 元、五成的把握获得 2 000 元；第二种情形则是您 100% 可以获得 5 000 元。您会选择哪一种情形？"时，77.60% 的样本农户表示会选择第二种。

当地农村居民没有意识到信用的重要性，同时理财、保险意识也不强。调查数据显示，79.26%的样本农户认同"信用很重要，要小心维护"。当问到样本农户"钱是用来花的，没有必要进行理财，您认同吗？"时，56.32%的样本农户表示认同，28.98%的样本农户表示不知道，14.70%的样本农户不认同。32.35%的样本农户认为保险是骗人的，21.65%的样本农户不认同保险是骗人的，45.99%的样本农户表示不了解保险。

2. 金融知识

西南地区的农村居民金融知识得分为 48.2 分。该地区农村居民的金融知识匮乏，对银行、保险知识缺乏了解，金融常识不足。

调查数据显示，当样本农户对自身金融知识水平做出主观评价时，分别有 0.49%、4.21%的样本农户认为"非常好"和"好"，27.47%的样本农户认为自身金融知识水平"一般"，29.77%的样本农户认为自身金融知识水平"不好"，38.06%的样本农户认为自身金融知识水平"非常不好"，如附图 1 所示。

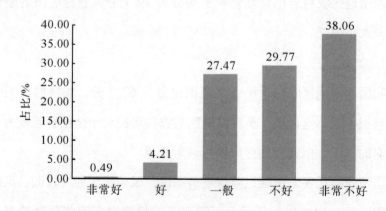

附图 1　西南地区农村居民金融知识水平的主观评价

调查数据显示，当问到样本农户"您觉得银行可以提供哪些服务？（选项包括存款、贷款、转账、结算、保险业务、信用卡服务、代缴水电气费、社保代发代交、代发工资等服务)?"时，50.94%的样本农户选择了1~5种银行服务，43.27%的样本农户选择了6~12种，5.79%的样本农户表示都不知道。30.97%的样本农户知道社保和商业保险的区别，69.03%的样本农户不知道社保和商业保险的区别。此外，57.02%的样本农户认同"不要把所有鸡蛋放在同一个篮子里"这个说法。

农村居民对投资理财知识掌握程度相对较好，其中有64.78%的样本农户表示听说过1~6种理财产品，35.22%的样本农户表示听说过超过6种理财产品，如附图2所示。

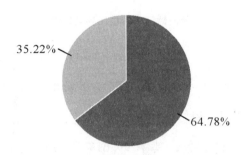

附图2 西南地区农村居民对理财产品的熟悉情况

3. 金融行为

西南地区农村居民金融行为得分为15.5分。该地区农村居民的金融行为单一，大多数农户缺乏相应的融资行为，融资意愿不强烈，融资需求偏小。

调查数据显示，当问到样本农户"目前您的家庭是否有借款需求?"时，12.48%的样本农户表示有借款需求并且能够借到，11.16%的样本农户表示有借款需求但借不到，73.36%的样本农户表示没有借款需求，如附图3所示。另外，89.94%的样本农户表示没有信用卡。

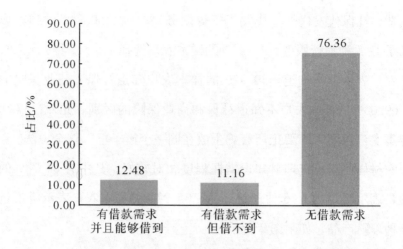

附图3　西南地区农村居民的融资需求情况

农村居民大多进行过理财，理财行为相对普遍，但理财渠道缺乏多样性。当问到样本农户"您在以下哪些金融机构（银行、保险公司、信托公司、基金公司、租赁公司等）办理过业务？"时，全部样本农户都在金融机构办理过业务，其中99.61%的农户表示办理过1~4种业务。

4. 金融技能

西南地区农村居民金融技能得分为27.2分。该地区农村居民的金融技能掌握不够，资源利用能力一般，与金融相关的计算能力较低。

调查数据显示，高达84.66%的样本农户表示用银行卡办理过1~4种业务，14.40%的样本农户表示用银行卡办理过4种以上业务，仅有4.70%的样本农户表示没有使用过银行卡，如附图4所示。

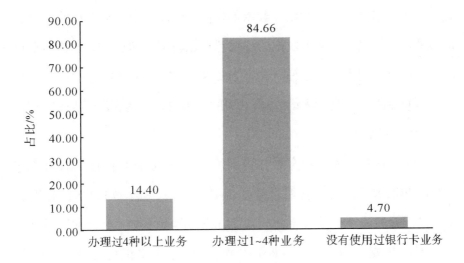

附图4　西南地区农村居民的银行卡使用情况

此外，有高达 82.90% 的样本农户不知道目前银行或信用社的贷款利率，仅有 19.18% 的样本农户表示知道。当问到样本农户"假设银行的年利率是 4%，如果把 100 元钱存 1 年定期，1 年后可以获得多少钱？"时，仅有 23.11% 的样本农户能够正确计算出来，其余农户要么不会计算、要么计算错误。

（二）华南地区

华南地区样本农村居民金融素养平均分为 33.9 分。该地区农村居民的金融素养水平偏低，但相对于其他地区较高，这与华南地区的经济发展水平较高密切相关。

1. 金融意识

华南地区样本农户的金融意识平均分为 81 分，可见华南地区农村居民的整体金融意识相较好。该地区的农村居民对金融相关的问题有较规范的认识，拥有主流的意识形态。调查数据显示，4.5% 的样本农户的金融意识水平处于一般或一般以下程度，95.5%的样本农户的金融意识水平在良好以上。样本农户的理财意识比较强，超过74%的样本农户认为钱不应只用来消费，理财具有必要性。但是，45%以上的样本农户无法判断保险是不是骗人的，18.36%的样本农户认为保险不是骗人的。

2. 金融知识

华南地区样本农户的金融知识平均分为60.8分。该地区农村群体的金融知识水平不高，获取金融知识渠道单一，金融知识掌握程度较低，缺乏对投资、保险等方面的知识，掌握程度不够，金融常识不足。

调查数据显示，当问到样本农户对金融知识的了解程度时，46.34%的样本农户认为自身的金融知识水平"非常不好"，32.56%的样本农户认为自身的金融知识水平"不好"，如附图5所示。

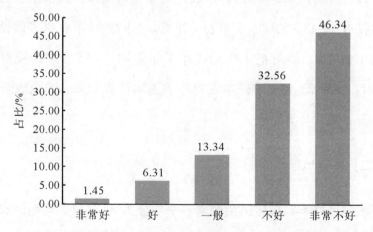

附图5　华南地区农村居民金融知识水平的主观评价

当问到"您主要通过什么渠道了解金融知识?"时，35.32%的样本农户表示了解金融知识的渠道主要以网络为主，28.72%的样本农户表示了解金融知识的渠道主要以手机短信和电视为主。农村居民对投资理财知识掌握程度相对较好，其中有71%的样本农户表示听说过1~6种理财产品，18%的样本农户表示听说过6种以上理财产品，11%的样本农户表示没听过理财产品，如附图6所示。尽管华南地区农村居民金融知识主观评价较低，但是其实际客观行为却表现出很好的金融行为特征。

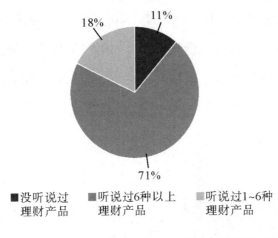

■没听说过　　　■听说过6种以上　　■听说过1~6种
　理财产品　　　　理财产品　　　　　理财产品

附图6　华南地区农村居民对理财产品的熟悉情况

3. 金融行为

华南地区样本农户金融行为平均分为22.9分。该地区农村居民对金融活动的参与度不够，有一定的投资理财行为，借款需求也较高，但借款渠道单一。

调查数据显示，通过银行购买理财产品的人数最多，占比为38.24%；而最少的是通过P2P平台购买理财产品，占比为5.47%；其余则通过余额宝和其他渠道购买理财产品，占比分别为21.96%和30.82%，与银行相差较小。

当问到"您通常通过什么方式借款?"时，大多数人仍倾向于向亲友或向银行借款，甚至是高利贷等线下借款，而网络借贷等线上借款方式相对较冷门。其中，最受欢迎的借款方式是向亲友借款以及向银行贷款，占比分别为 41.13% 和 22.32%。有意向通过贷款公司、网络借贷（P2P）和支付宝花呗等其他渠道借款的样本农户占比为 16.73%。值得关注的是，7.56% 的样本农户表示愿意借高利贷。调查数据显示，当问到"目前您的家庭是否有借款需求？"时，9.45% 的样本农户表示有借款需求并且能够借到，10.58% 的样本农户表示有借款需求但借不到，74.24% 的样本农户表示无借款需求，如附图 7 所示。另外，尽管华南地区金融体系发达，但是仍然有高达 69.45% 的样本农户表示没有信用卡。

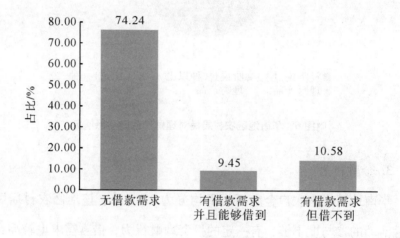

附图 7　华南地区农村居民的融资需求情况

4. 金融技能

华南地区样本农户金融技能平均分为 45.3 分。该地区大部分农村居民不具备金融资源利用能力与计算能力，难以开展较复杂的金融活动。

调查数据显示，87.46% 的样本农户表示用银行卡办理过 1～4 种业务，10.22% 的样本农户表示用银行卡办理过 4 种以上业务，仅有 2.32% 的样本农户表示不用银行卡办理业务，如附图 8 所示。

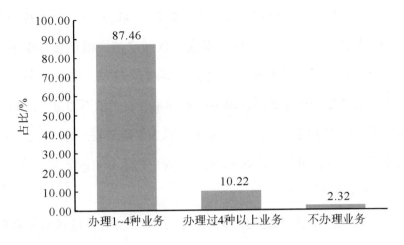

附图 8　华南地区农村居民的银行卡使用情况

另外，12.86%的受访家庭表示在转账时只选择线下交易，56.33%的受访家庭表示不知道目前的银行存贷款利率；仍有较多的受访家庭计算不出单利计息下的存款利息。

（三）华北地区

华北地区样本农户金融素养平均分为 30.6 分，金融素养水平偏低。

1. 金融意识

华北地区样本农户的金融意识得分为 72.6 分。该地区农村居民的整体金融意识不强。这说明，该地区的农村居民虽然对于金融有着较为规范和普遍的认识，但金融意识依然较为淡薄。

当地农村居民对金融风险持规避态度，风险承受能力较低，风险承担意识不强。调查数据显示，当问到"如果您现在面临两种选择：第一种情形是您有五成的把握获得 8 000 元、五成的把握获得 2 000 元；第二种情形则是您 100% 可以获得 5 000 元。您会选择哪一种情形?"时，68.30%的样本农户表示会选择第二种。

当地农村居民没有意识到信用的重要性，同时理财、保险意识也不强。调查数据显示，87.56%的样本农户认同"信用很重要，要小心维护"。当问到"钱是用来花的，没有必要进行理财，您认同吗?"时，61.32%的样本农户表示认同，20.88%的样本农户表示不知道，17.80%的样本农户表示不认同。39.5%的样本农户认为保险是骗人的，仅有21.7%的样本农户表示认同保险，48.8%的样本农户表示不知道保险。

2. 金融知识

华北地区样本农户的金融知识得分为48.2分。该地区农村群体的金融知识匮乏，对银行、保险知识缺乏了解，缺乏金融常识。

调查数据显示，当样本农户对自身金融知识水平做出主观评价时，仅分别有0.29%、5.41%的样本农户认为"非常好"和"好"，24.47%的样本农户认为自身金融知识水平"一般"，31.77%的样本农户认为自身金融知识水平"不好"，另外有38.06%的样本农户认为自身金融知识水平"非常不好"，如附图9所示。

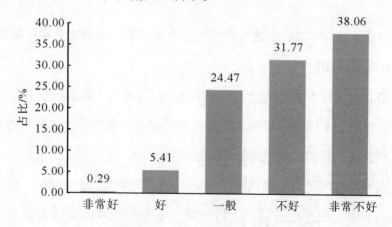

附图9　华北地区农村居民金融知识水平的主观评价

调查数据显示，当问到"您觉得银行可以提供哪些服务？（选项包括存款、贷款、转账、结算、保险业务、信用卡服务、代缴水电气费、社保代发代交、代发工资等服务）"时，50.94%的样本农户选择了1~5种银行服务，43.27%的样本农户选择了6~12种，5.79%的样本农户表示不知道。30.2%的样本农户知道社保和商业保险的区别，69.8%的样本农户表示不知道社保和商业保险的区别。此外，54.02%的样本农户表示认同"不要把所有鸡蛋放在同一个篮子里"这个说法。

农村居民对投资理财知识的掌握程度相对较好，其中64.78%的样本农户表示听说过1~6种理财产品，35.22%的样本农户表示听说过超过6种理财产品，如附图10所示。

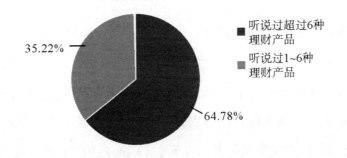

附图10 华北地区农村居民对理财产品的熟悉情况

3. 金融行为

华北地区样本农户的金融行为得分为18.2分。该地区农村居民的金融行为单一，大多数农户缺乏相应的融资行为，融资意愿不强烈，融资需求偏小。

调查数据显示，当问到"目前您的家庭是否有借款需求？"时，10.92%的样本农户表示有借款需求并且能够借到，9.22%的样本农户表示有借款需求但借不到，高达79.86%的样本农户表示没有借款需求，如附图 11 所示。另外，有高达 89.94%的样本农户表示没有银行卡。

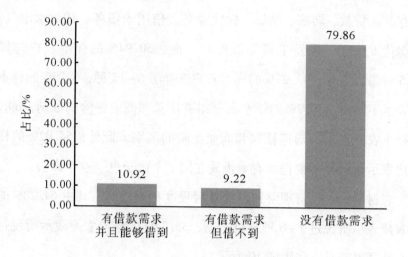

附图 11　华北地区农村居民的融资需求情况

大多农村居民都进行过理财，理财行为相对普遍，但理财渠道缺乏多样性。当问到样本农户"您在以下哪些金融机构（银行、保险公司、信托公司、基金公司、租赁公司等）办理过业务？"时，全部样本农户表示都在金融机构办理过业务，其中 96.71%的样本农户选择了 1~4 种，0.89%的样本农户选择超过 4 种，17.68%的样本农户选择使用手机银行。

4. 金融技能

华北地区样本农户的金融技能得分为 28.9 分。该地区农村居民的金融技能掌握不够，资源利用能力不强，与金融相关的计算能力较低。

调查数据显示，85.86%的样本农户表示用银行卡办理过 1~4 种业务，13.46%的样本农户表示用银行卡办理过 4 种以上业务，仅有 0.92%的样本农户表示没有用银行卡办理过业务，如附图 12 所示。

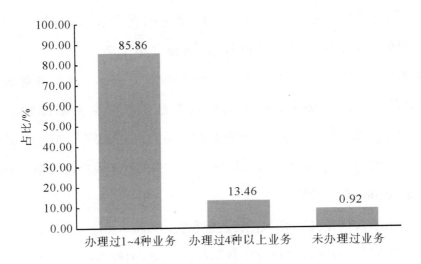

附图 12　华北地区农村居民的银行卡使用情况

此外，有高达 80.90% 的样本农户表示不知道目前银行或信用社的贷款利率，仅有 19.10% 的样本农户表示知道。当问到"假设银行的年利率是 4%，如果把 100 元钱存 1 年定期，1 年后可以有多少钱?"时，仅有 25.81% 的样本农户能够正确计算出来，其余农户要么不会计算、要么计算错误。

（四）华中地区

华中地区样本农户的金融素养平均分为 33.2 分，金融素养水平偏低。

1. 金融意识

华中地区样本农户的金融意识平均分为 78.7 分。从分值看，该地区农村居民有一定的金融意识，说明大多数农户对金融有着较为规范和普遍的认识。但也发现，该地区农村居民的金融教育意识不强，还有待加强。

调查数据显示,当问到"每周在金融教育投入的时间"时,59.45%的样本农户选择"没有",选择"小于 2 小时"的占比为34.97%,选择"2~4 小时"的占比为 4.44%;当问及"接受金融教育的目的"时,51.09% 的样本农户认为是"获取金融基础知识",23.81%的样本农户认为是"获取金融产品的相关知识",20.23%的样本农户认为是"获取金融知识保护",4.88%的样本农户认为是"获取金融规划的相关知识"。

当地农村居民对金融风险持规避态度,风险承受能力较低,风险承担意识不强。当问到"投资项目"时,37.2%的样本农户选择"不愿意承担任何风险",28.93%的样本农户选择"平均风险、平均回报的项目",有 16.25%的样本农户选择"略低风险、略低回报项目",5.22%的样本农户选择"高风险、高回报的项目"。

2. 金融知识

华中地区样本农户的金融知识平均分为 53.7 分。该地区农村居民的金融知识相对丰富,对投资、保险等方面的知识掌握程度不够,较多的农村居民对于金融常识了解不足。

调查数据显示,当问到"对金融知识水平的整体评价"时,仅分别有 4.12%、7.43%的样本农户认为自身金融知识水平"非常好"和"好",20.58%的样本农户认为自身金融知识水平"一般",31.48%的样本农户认为自身金融知识水平"不好",36.39%的样本农户认为自身金融知识水平"非常不好",如附图 13 所示。

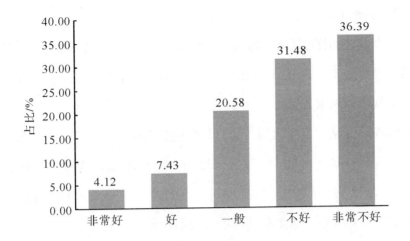

附图 13　华中地区农村居民金融知识水平的主观评价

调查数据显示，当问到"在较长的年限里什么资产回报率更高?"时，51.43%的样本农户选择"不确定"；当问到"是否购买保险额越高越好?"时，43.87%的样本农户选择"不确定"。

农村居民对投资理财知识掌握程度相对较好，其中有61.01%的样本农户表示听说过1~6种理财产品，12.12%的样本农户表示听说过超过6种理财产品，26.87%的样本农户表示没听过理财产品，如附图14所示。

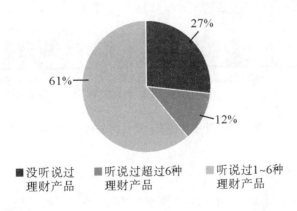

附图 14　华中地区农村居民对理财产品的熟悉情况

3. 金融行为

华中地区的样本农户的金融行为平均分为 22.3 分。该地区农村居民的金融行为不活跃，大多数农户缺乏相应的借款行为，借款需求偏小，借款途径局限。

调查数据显示，当问到"您打算通过什么渠道借款?"时，72.18%的样本农户选择了"银行贷款"，20.69%的样本农户选择了"向亲友借款"，2.42%的样本农户选择通过"小贷公司、资金互助社等新型金融组织"获取贷款，0.28%的样本农户选择通过高利贷获取资金。

调查数据显示，当问到"目前您的家庭是否有借款需求?"时，16.11%的样本农户表示有借款需求并且能够借到，13.43%的样本农户表示有借款需求但借不到，高达 70.46%的样本农户表示没有借款需求，如附图 15 所示。

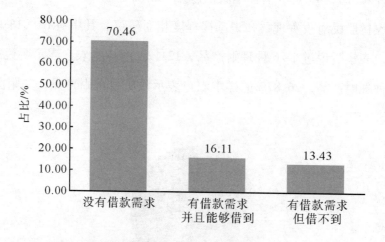

附图 15　华中地区农村居民的融资需求情况

4. 金融技能

华中地区样本农户的金融技能平均分为 28.1 分。该地区的农村居民的金融技能掌握较差，资源利用能力一般，对金融工具的使用方式缺乏了解，金融相关的计算能力较为低下。

调查数据显示，当问到"掌握的金融技能"时，样本农户选择最多的是"如何识别假币"，占比高达 74.05%；当问到"存钱是否会比较不同银行不同期限"时，53.05% 的样本农户选择"会"，15.45% 的样本农户选择"不确定"；而在问到"一般是通过什么渠道存取款或汇款"时，样本农户选择最多的是通过"银行柜台"和"自动取款机"，而通过"网上银行""村助农服务点"的途径不多；当问到"日常支付消费使用最多的方式"时，样本农户选择最多的是"现金"和"第三方支付"，"刷银行卡"的则使用较少。

调查数据显示，高达 84.66% 的样本农户表示用银行卡办理过 1~4 种业务，14.89% 的样本农户表示用银行卡办理过 4 种以上业务，仅有 0.45% 的样本农户表示未用银行卡办理过业务，如附图 16 所示。

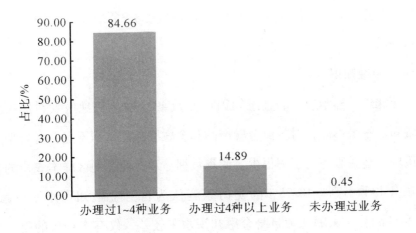

附图 16　华中地区农村居民的银行卡使用情况

（五）西北地区

西北地区样本农户的金融素养得分为 27.3 分，低于全国平均水平。

1. 金融意识

西北地区样本农户的金融意识平均分为 75.4 分，低于西部地区的贵州等省份。从数据上来看，在农户个人信用意识上，44.6% 的样本农户认为良好的个人信用记录非常重要，23.6% 的样本农户则认为良好的个人信用记录比较重要，20.7% 的样本农户认为良好的个人信用记录作用一般，不用过分关注，7% 的样本农户则认为良好的个人信用记录不重要，对日常生活没什么影响。总体来看，被调查的农户虽有将近一半的人认为个人信用记录非常重要，但是在实际支付账单中又会有一半以上的人存在逾期的现象，这反映出农户对于信用记录的影响缺乏具体而又透彻的认识。

当问到"钱是用来花的，没有必要进行理财，你认同吗"这个问题时，41.0% 的样本农户并不认同这种观点，21.3% 的样本农户比较认同这一观点，19.5% 的样本农户不是很确定，8.3% 的样本农户完全认同这种看法。

2. 金融知识

西北地区样本农户的金融知识得分为 49.1 分。该地区农村居民的金融知识水平不高，对主流金融产品和金融服务的认识不足，对新型金融机构和金融服务的了解很少。调查数据显示，西北地区样本农户的金融知识水平不高，18.23% 的受访家庭认为自身金融知识水平一般，66.84% 的受访家庭认为自身金融知识水平较差，仅有 4.41% 的受访家庭认为自身金融知识水平较高，如附图 17 所示。

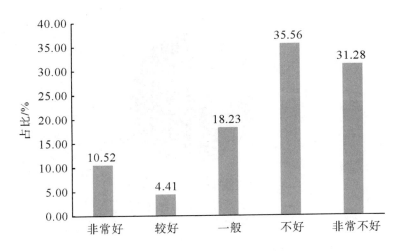

附图 17　西北地区农村居民金融知识水平的主观评价

调查数据显示，当问到"您觉得银行可以提供哪些服务？（选项包括存款、贷款、转账、结算、保险业务、信用卡服务、代缴水电气费、社保代发代交、代发工资等服务）"时，57.12%的样本农户选择了1~5种银行服务，26.78%的样本农户选择了6~12种银行服务，6.1%的样本农户表示都不知道。仅有38.6%的样本农户表示知道社保和商业保险的区别，61.4%的样本农户表示不知道社保和商业保险的区别。此外，61.25%的样本农户认同"不要把所有鸡蛋放在同一个篮子里"这个说法。

居民对投资理财知识掌握程度相对较好，其中有66.24%的样本农户表示听说过1~6种理财产品，19.42%的样本农户表示听说过6种以上理财产品，14.34%的样本农户表示没听过理财产品，如附图18所示。

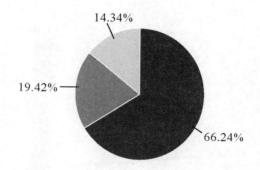

14.34%

19.42%

66.24%

■ 听说过1~6种以上理财产品
■ 听说过6种以上理财产品
  没听说过理财产品

附图18　西北地区农村居民对理财产品的熟悉情况

调研中发现，西北地区样本农户的基础金融技能掌握情况比金融投资技能掌握情况好，15.58%的样本农户表示不具备金融技能，但是有多达69.58%的样本农户表示自己不知道任何金融投资技能。在掌握金融基础技能的样本农户中，懂得如何区分假币是最多的（占比为67.63%），其次是懂得网上银行、手机银行的使用方法（占比为37.31%），34.49%的样本农户了解如何计算存款、贷款利率，29.1%的样本农户会使用 ATM 机和 POS 机。在掌握金融投资技能的农户中，对股票、期货、保险有一定了解的农户最多（占比为9.35%），其次是黄金、贵金属投资（占比为4.23%）和基金（占比为3.6%），对信托有所了解的农户最少（占比为1%）。

3. 金融行为

西北地区样本农户的金融行为得分为22.5分。该地区农村群体的金融行为相对滞后，大多数农户缺乏相应的融资行为，融资意愿不强烈，融资需求偏小。

调查数据显示，当问到"目前您的家庭是否有借款需求？"时，

7.84%的样本农户表示有借款需求并且能够借到，11.32%的样本农户表示有借款需求但借不到，高达80.84%的样本农户表示没有借款需求，如附图19所示。另外，有高达84.34%的样本农户表示没有银行卡。

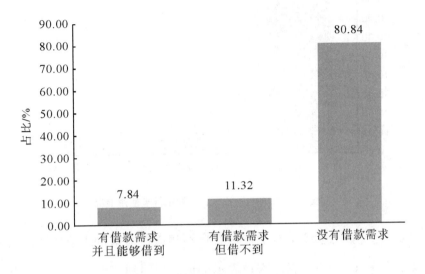

附图19　西北地区农村居民的融资需求情况

大多居民都进行过理财，理财行为相对普遍，但理财渠道缺乏多样性。当问到样本农户"您在以下哪些金融机构（银行、保险公司、信托公司、基金公司、租赁公司等）办理过业务？"时，全部农户都在金融机构办理过业务，其中96.71%的样本农户选择了1~4种，仅有0.75%的样本农户选择超过4种，且仅有10.32%的样本农户使用过手机银行。

4. 金融技能

西北地区样本农户的金融技能得分为22.6分。该地区农村居民的金融技能掌握较好，资源利用能力一般，与金融相关的计算能力较低。

调查数据显示，高达86.88%的样本农户表示用银行卡办理过1~4种业务，11.22%的样本农户表示用银行卡办理过4种以上业务，仅有

1.9%的样本农户表示没有用银行卡办理过业务，如附图20所示。

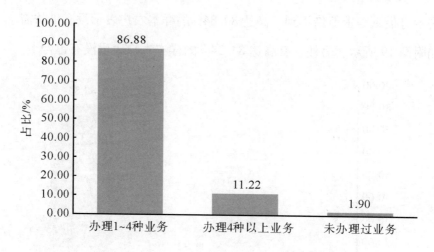

附图20 西北地区农村居民的银行卡使用情况

此外，有高达88.14%的样本农户不知道目前银行或信用社的贷款利率，仅有12.86%的样本农户表示知道。当问到"假设银行的年利率是4%，如果把100元钱存1年定期，1年后可以获得多少钱?"时，仅有25.58%的样本农户能够正确计算出来，其余样本农户要么不会计算、要么计算错误。

（六）东北地区

东北地区样本农户的金融素养平均分为32.6分，金融素养水平较低。

1. 金融意识

东北地区样本农户的金融意识平均分为64.5分。该地区农村居民的整体金融意识不强。当地农村居民对金融风险持规避态度，高风险投资项目对他们来讲并不具有吸引力，风险承受能力较低，风险承担意识不强。且大部分农户在有闲置资金时更偏好稳健投资，可以初步断定如果金融机构贷款给农户，一般不会承受因农户投机失败而造成的违约风险。

调查数据显示，51.90%的样本农户选择不愿意承担风险的项目，17.87%的样本农户选择低风险、低回报的投资项目，17.26%的样本农户选择平均风险、平均回报的投资项目，7.55%的样本农户选择高风险、高回报的投资项目，5.42%的样本农户选择高风险、高回报的投资项目。

2. 金融知识

东北地区样本农户的金融知识得分为39.6分。该地区农村居民的金融知识匮乏，对银行、保险知识缺乏了解，缺乏金融常识。

调查数据显示，60%的样本农户表示掌握了如何区分假币的方法，18%的样本农户表示掌握了如何计算存款、贷款利息，13%的样本农户表示掌握了 ATM 机、POS 机的使用方法。

调查数据显示，当样本农户对自身金融知识水平做出主观评价时，仅分别有3.25%、7.43%的样本农户认为"非常好"和"好"，21.58%的样本农户认为自身金融知识水平"一般"，28.43%的样本农户认为自身金融知识水平"不好"，另外有39.31%的样本农户认为自身金融知识水平"非常不好"，如附图21所示。

居民对投资理财知识掌握程度相对较好，其中有59.66%的样本农户表示听说过1~6种理财产品，16.47%的样本农户表示听说过6种以上理财产品，23.87%样本农户表示没听过理财产品，如附图22所示。

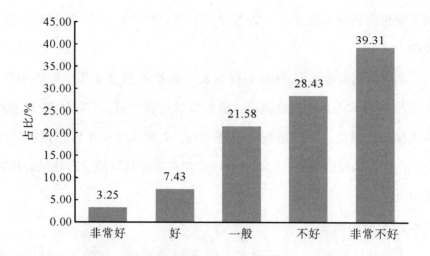

附图21　东北地区农村居民金融知识水平的主观评价

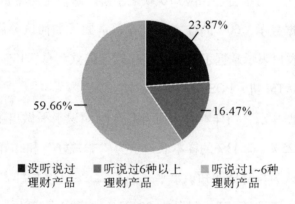

- ■没听说过理财产品
- ■听说过6种以上理财产品
- 听说过1~6种理财产品

附图22　东北地区农村居民对理财产品的熟悉情况

3. 金融行为

东北地区样本农户的金融行为得分为 23.4 分。该地区农村群体的金融行为单一，大多数农户偏向于选择更传统的行为习惯

调查数据显示，当问到"目前您的家庭是否有借款需求?"时，9.45%的样本农户表示有借款需求并且能够借到，19.43%的样本农户表示有借款需求但借不到，高达 71.12%的样本农户表示没有借款需求，如附图23 所示。另外，有高达 89.62%的农户表示没有银行卡。

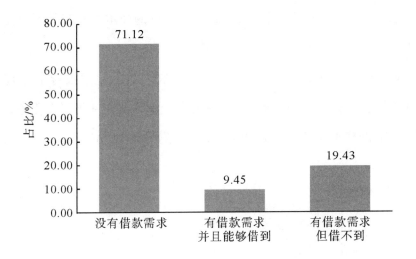

附图23　东北地区农村居民的资金需求情况

　　当地农村居民偏好现金支付消费，办理金融服务时偏好在银行柜台办理。调查数据显示，大部分居民选择使用现金的原因是"习惯"。另外，58%的样本农户偏好在银行柜台办理，12%的样本农户偏好在自动取款机上办理，16%的样本农户偏好其他办理方式，其余农户偏好在网上银行及手机银行、村助农服务点和代办员方式办理。农村居民的理财行为较为缺乏，且理财渠道缺乏多样性，主要原因是当地缺少农村互联网理财产品。调查数据显示，仅有3.8%的样本农户表示购买过理财产品，而且在购买理财的样本农户的渠道选择中，以银行渠道购买为主要方式，占比为68.16%，其他渠道占比为23.88%。其中，余额宝占比为7.34%，P2P平台占比为2.69%。

　　4. 金融技能

　　东北地区样本农户的金融技能得分为27.7分。该地区农村居民的金融技能掌握不够，资源利用能力一般，会使用的金融工具数量极其有限。调查数据显示，7.00%的样本农户表示会使用网上银行，7.31%的样本农户表示会使用手机银行，高达 85.69% 的样本农户表示不会使用网上银行。

调查数据显示，高达 83.26% 的样本农户表示使用银行卡办理过 1~4 种业务，12.76% 的样本农户表示用银行卡办理过 4 种以上业务，仅有 3.98% 的样本农户表示不用银行卡，如附图 24 所示。

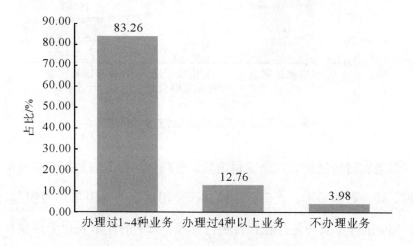

附图 24　东北地区农村居民的银行卡使用情况

二、我国与其他国家农村居民金融素养的比较分析

（一）中、美、荷、德、日五国农村居民主观金融素养状况

主、客观金融素养有较大相关性（Lusardietal，2012），与客观度量相比，主观度量不涉及金融产品和市场知识，运用李克特量表测量受访者对经济金融知识了解程度的自我评价，直接简便，一般安排在客观测试之前，以便真实反映受访者的自我感受。附表 1 整理了采用农村居民

主观测评文献的调查结果。

附表 1　农村居民主观金融素养的国际比较

国家	数据库	1.2	3	4	5	6	7	均值
美国	NFCS 2012	3.90%	5.20%	14.90%	33.20%	26.10%	13.60%	5.1
美国	NFCS 2009	7.50%	6.00%	16.20%	32.30%	20.20%	17.50%	5.0
美国	TNS Global 2007	4.90%	7.70%	19.50%	31.90%	18.90%	10.70%	4.9
美国	ALP 2009	5.30%	11.60%	27.20%	34.70%	16.70%	4.40%	4.6
荷兰	DHS 2010	7.30%	10.90%	23.00%	32.00%	23.40%	3.50%	4.6
德国	SAVE 2009	8.30%	14.20%	23.00%	32.20%	15.60%	6.80%	4.5
中国	FINIT 2014	45.10%	23.80%	18.50%	8.10%	2.50%	1.90%	2.8
日本	SLPS 2010	71.00%	23.30%	5.60%		2%		

说明：（1）不同于其他学者使用的 7 级量表，日本学者 Sekita 采用的是 5 级量表；（2）表格行的顺序按照均值按照由大到小依次排列。

附表 1 中的数据显示，德国和荷兰农村居民的主观评价均值（4.6以上）明显高于中国和日本（低于 3.0）。从美国持续 6 年的 4 次调查结果观察，不同群体主观测量均值（5.0 左右）非常稳定。中国农村居民金融素养处于国际中等水平，对经济金融知识了解程度的自我评价较为客观，对复利和通货膨胀的整体了解程度与发达国家基本一致，但对风险分散的认知水平存在显著偏差，尤其是对同类金融产品的风险特征认知不清，具体表现在对实现分散化投资效益的长期投资理念的严重缺失。而农村居民金融素养在居民金融理财、居民养老规划、居民生活水平方面都有很大的影响。可见，普及金融教育、提升中国农村居民金融素养迫在眉睫。

然而，金融教育既有普适性又有特殊性。普适性体现为遵循教育基本规律，旨在消除受众的金融无知，比如灵活适度的宏观调控政策是经济发展方式转变的必要条件，但农村居民金融素养水平是政策效能发挥的微观基础；特殊性强调金融规律并非简单的常识积累，因此，从金融实践中获得的直接经验可能会导致种种误解，加之互联网时代信息传播的广度和速度，更需要人们具备复杂沟通能力和专业思维能力。只有具备基础金融素养，才有可能理解金融运作规律，而不是迷信甚至幻想着去复制别人的成功。"问渠那得清如许？为有源头活水来。"面临复杂的金融环境，以保护金融消费者权益为切入点，充分满足人们不断增长的金融需求，实现居民家庭金融福祉最大化，深入推进普及金融教育，提升农村居民金融素养才是最有效的途径。

（二）中、美两国农村居民客观金融素养状况

金融素养综合反映了个人金融知识与能力，对复利计算、通货膨胀和风险分散三个知识点的掌握不可或缺。如附表 2 所示，中、美两国农村居民三题全部回答正确的分别为 27% 和 34.3%，差距较为明显，但从两题回答正确、一题回答正确和三题全部回答错误的情况来看，中国农村居民整体上又好于美国农村居民，这就需要细化到每一题的回答情况，从结构差别窥见整体差异。

从附表 2 单题回答情况可以看出，中、美两国农村居民对复利计算和通货膨胀的了解程度几乎相同，其差异主要体现在对风险分散的掌握上。中国比美国回答正确率低 7%，中国比美国回答错误率高 8.4%。由此可见，中国农村居民风险分散认知水平较低导致了中、美两国的总体差距，美国高度发达的金融市场、丰富的金融产品和风险分散渠道佐证了这一结果的合理性。中、美两国均有 30% 的受访者对风险分散知识回答"不知道"，再结合附表 2 中、美两国农村居民在三个问题中对风险分散的掌握程度最差、回答"不知道"的比例也最高的结果，可以看出，

尽管"不要把鸡蛋放到一个篮子里"的分散投资准则早已家喻户晓，但普及风险分散知识依然任重道远。此结果也能让我们更好地理解周期性金融危机的微观机理——金融危机本质是风险积聚的结果，市场参与者缺乏风险分散知识是催化危机的原因之一，这也为中国金融体制改革提供了重要启示。

附表 2　中、美两国农村居民相同问题的回答情况对比　　单位:%

知识点	A：金融素养单题回答情况							
	正确		错误		不知道		拒绝回答	
	中国	美国	中国	美国	中国	美国	中国	美国
复利计算	69.60	67.10	24.20	22.20	5.20	9.40	1.10	1.30
通货膨胀	76.10	75.20	8.10	13.40	15	9.90	0.80	1.50
风险分散	45.30	52.30	21.60	13.20	31.20	33.70	1.30	0.90
B：3个金融素养问题回答正确的联合概率								
	3题全部回答正确		2题回答正确		1题回答正确		3题全部回答错误	
	中国	美国	中国	美国	中国	美国	中国	美国
比例	27	34.30	43.40	35.80	23	16.30	6.50	9.90

数据来源：（1）美国受访者答题情况根据 2004 年美国健康与退休研究（Health and Retirement Study）的专业模块计算得出；（2）中国受访者答题情况由作者根据 2014 年的《金融素养、市场参与与居民家庭金融福祉》调查问卷计算得出。

三、国际上对青少年开展的金融教育情况

（一）英国

英国教育部于 2013 年对国家课程大纲进行了修订，将金融能力教育列入国家课程大纲。对 5～11 岁的儿童，增加了使用货币方面的内

容；对11~16岁的青少年，增加了货币的功能及使用、个人预算、财务管理的重要性以及一些金融产品和服务方面的知识；还要求学生学习关于薪水、税收、信贷、债务、金融风险以及一些更为复杂的金融产品和服务等方面的知识。

（二）巴西

巴西国家金融教育委员会批准了学校金融教育指导方针，目前在高中试行金融教育的跨学科方法，成立了教学支持团队，并要求金融教育教学要促进现有各门课程之间的对话与融合。新西兰教育部通过跨学科的方式将金融教育纳入新西兰学校课程，鼓励老师和学生将金融教育与社会学、数学、统计和英语等学科关联起来，在现实情境下学习，提高生活技能，为进一步学习与职业发展打开通道。

（三）澳大利亚

澳大利亚的金融知识教育工作主要由澳大利亚证券和投资委员会牵头。2011年3月，该委员会牵头其他机构制定了澳大利亚首个金融教育国家战略，确立了推动金融知识教育的四大支柱，其中排在首位的是通过教育体系为全体国民普及金融知识。该战略认为，将金融知识融入中小学教育是影响国民金融知识、态度、价值和行为改变的基础，其教育体系主要包括三个部分：中小学教育、高等教育（职业教育和大学教育）和成人及社区教育。在教育主管部门的支持下，金融知识已经逐步纳入澳大利亚学校课程大纲中，其中第一阶段是将金融知识融入数学、英语、自然科学等科目中，第二阶段是将金融知识纳入经济与商业科目中，并且作为5~8年级学生的必修课。2012—2013年，澳大利亚证券和投资委员会与 92 所学校合作建立了全国性的《聪明使用钱财教程》，该教程包括大量免费教育资源和供教师使用的职业培训资料。2013 年，澳大利亚证券和投资委员会主导了对首个金融教育国家战略的评估，在总结成果和寻找关键问题的基础上，制定了第二个金融教育国家战略（2014—2017），并将通过正规教育体系教育下一代列为该战略的优先事项。

此外，世界上越来越多的国家正慢慢将金融教育纳入小学、初高中阶段教育中的行列。将金融知识纳入国民教育体系，提升国民的金融综合素养，已成为国家实现经济金融的平稳、健康、有序发展的重要举措之一。

四、国际金融行为状况

世界银行的金融包容专项调查始于 2011 年，涉及全球 148 个经济体中 15 万成年人，涵盖范围广泛。全球包容性指数体系完善且具有代表性，所选样本能够较好地反映世界大多数国家和地区普惠金融发展的最新状况，其统一化的口径也便于国际比较。所以，本书选取该调查数据，将经济合作与发展组织中的发达国家、"金砖国家"（BRICS）和世界平均水平作为对比参照，以分析中国的普惠金融与发达经济体之间存在的差距，以及我国相较于同水平国家和全世界所处的位置。

（一）正规金融机构账户的渗透率

该指标测度的是一国 15 岁以上成人中在正规金融机构拥有账户的人

群所占的比重，并且分别按性别、收入、年龄、受教育程度和城乡进行了分项统计。相对于世界平均水平（50.49%）和"金砖国家"48.23%的渗透率来说，中国的这一指标达到了63.81%的较高水平，但是仍远不及OECD发达经济体（88.39%）。而从农村的正规账户渗透率来看，中国与发达国家的差距进一步拉大，超出"金砖国家"的优势也有一定程度的缩减（见附表3）。发达国家的城市化水平高，有的发达国家甚至实现了城乡一体化，因而城乡差距并不明显，但中国城乡发展不均衡由来已久，今后提高农村地区正规金融机构账户的普及率有助于推进普惠金融。

附表3　各项指标的国际对比情况　　　　　　　　单位:%

经济体	发达国家	金砖国家	中国	世界平均
正规金融机构账户拥有率	88.39	48.23	63.81	50.49
金融机构账户拥有率（农村）	87.16	44.23	58.02	44.13
ATM机为主要取款方式	72.53	57.51	33.41	43.25
借记卡	68.71	32.97	41.02	30.40
信用卡	43.87	12.11	8.23	14.79
手机支付比率		2.41	1.33	1.99
手机支付比率（农村）		1.89	0.48	1.38
来自金融机构的贷款比例	14.00	7.65	7.26	9.05

（二）信贷可得性

金融系统中信贷规模的多少并不一定与金融渗透率的高低一致，因为这些信贷资源很可能被大型企业和富裕个人大量吸收。私人部门信贷与GDP之比通常用来衡量金融深化度。由此可以看出，普惠金融是否有助于金融深化具有不确定性，而金融深化也不一定可以推动普惠金融，因此，信贷的可得性尤为重要。资金需求者从正规金融机构获得贷款的数量和难易程度是衡量普惠金融水平的重要指标之一。相比较而言，OECD 发达国家的个人信贷可得性（占比为 14%）明显高于"金砖国家"和世界平均水平。我国成年人群中来自金融机构的贷款比例为 7.26%，基本上与"金砖国家"持平（占比为 7.65%），但低于世界平均值（9.05%）。再观察其他贷款渠道的数据可以发现，"亲友"这一来源占了最大的比重，而且均超过其他组别。这充分说明，我国信贷资源供给严重不足，仍有大范围的人口无法享受到正规的金融服务。国际经验和研究均表明，适度的信贷有利于提高居民收入。

（三）金融科技化程度

从 ATM 机使用情况的调查结果中发现，在 OECD 发达经济体，ATM 机是一种比较普遍的电子化终端，72.53% 的成年人将其作为取款的主要方式，其他"金砖国家"的使用比例也达到了 57.5%，而中国使用 ATM 机作为主要取款方式的比例仅为 33.41%，甚至还低于世界平均水平 10 个百分点。这一方面是由于我国 ATM 机的覆盖率不高，另一方面是用户的传统习惯使然，目前仍有 62.87% 的成年人口倾向于选择在银行柜台办理存取款业务。这种柜台主导的服务模式给网点扩张和人员配备带来了沉重的压力，而提升 ATM 机的覆盖率并普及使用方法可以较好地解决这些问题。

在银行卡使用情况的调查结果中发现，我国拥有借记卡的比例为 41%，虽低于 OECD 发达国家的比例（68.71%），却高于"金砖国家"和世界平均水平。总体来说，我国借记卡的推广颇有成效。但就信用卡普及率而言，可以看出明显的劣势：中国 8.23% 的拥有率远不及发达国家、"金砖国家"，也未达到世界平均水平。特别是在农村地区，只有

4.26%的成年人口拥有信用卡。这种现状与农民的消费观念落后以及对金融工具的了解不足有关，在一定程度上制约了金融服务需求，但缺乏具有针对性的金融服务供给，从而未能激发农村地区有效需求也是导致信用卡拥有率低的重要原因。在手机支付情况的调查结果中发现，世界各国使用手机支付的整体水平较低（1.9%），"金砖国家"也仅为2.41%，但是中国的手机支付发展情况更为不足，农村地区的手机支付使用率甚至只有0.48%。目前，手机银行在我国被视为比较新鲜的事物，使用人群大多为年轻人和城镇人口，而金融服务便捷性不佳的偏远地区恰恰是最需要发展手机银行这类业务的。

五、金融普及教育的国际经验——以美国、英国为例

（一）建立专门的金融普及教育推进机构

美国发生金融危机后，美联储专设了金融消费者保护局和金融知识办公室，专门负责公众金融普及教育工作。美国还有志愿者组织"金融扫盲队"，义务帮助社会公众了解金融知识和提供专业答疑。英国由金融管理局负责公众的金融普及教育工作，其内部的金融能力指导委员会负责组织协调各相关机构，共同推进金融普及教育与知识宣传工作。同时，英国中小学和大学都非常重视学生的金融教育，入学之初便开设了金融知识教育课程。

（二）制定并实施金融普及教育总体规划

美国颁布了《金融知识与教育促进法》，并据此成立了由美联储、

证券交易委员等 20 多个部门组成的金融知识与教育委员会，负责金融教育战略规划事宜，确立了金融普及教育的国家战略目标和任务，并定期对完成情况进行评估。美国还将每年 4 月定为"金融知识普及月"，通过多种方式对社会公众进行金融扫盲。英国金融管理局负责制定并实施金融教育总体规划，制定了《金融能力国家战略》，成立了金融能力引导工作组，开展了"英国金融能力培养战略规划"工程。另外，日本、澳大利亚等国制定并实施了国家金融教育战略规划和行动指南，为推进金融普及教育提供制度保障。

（三）将金融普及教育纳入国民教育序列

英国金融管理局将金融能力教育纳入中小学基础教育，要求对 11~16 岁的青少年讲授金融基础知识和理财技能，并免费向学校提供教学资料、课程设计和必要的师资培训。美国许多州通过立法，将金融教育列为从启蒙教育到大学教育的必修课程，并把学习金融相关课程作为学生申请助学贷款的必要条件；为提高学生对金融的感性认识，美联储定期组织各中小学生到银行实地参观。日本和澳大利亚也将金融基础知识教育纳入中小学义务教育阶段必修课程。另外，许多发展中国家，如印度、巴西、哥伦比亚和乌干达等国家也将金融教育引入学校的日常教学课程。

（四）注重按需开展针对性金融普及教育

定期开展问卷调查，细分不同群体，深入了解各个群体的需求，针对不同群体制订不同的金融教育计划。英国通过专题讲座、现场指导等方式，在不同领域开展了一系列金融教育活动，如在学校开展小学生金融知识普及；针对"月光族""啃老族"，帮助年轻人树立理财观；对新入职员工，开展工作场所金融知识传授；针对新婚夫妇，侧重家庭财务规划培训，等等。美国开展了"了解金钱，多多益善"金融知识教育运动，以提升青少年的金融素养。

（五）教育普及宣传渠道和形式灵活多样

英、美等国家充分发挥互联网、电视、广播等新媒体手段，搭建金融普及教育平台，设立"金融消费者热线"电话，开展金融普及教育活动。还将金融教育融入居民日常生活，调动协会、民间团体、金融机构等广泛参与金融教育，如美国民间教育联盟开展了包括全国教育者会议、全国金融能力挑战赛等在内的金融知识教育活动，旨在提高幼儿园至大学各阶段学生的金融理财知识水平。美联储举办由各阶段学生参加的全国校园挑战赛，模拟公开市场委员会活动，并允许参观许多联邦储备银行。马来西亚通过实施学校领养计划，每家金融机构联系一个学校，并负责开展其联系学校的金融知识普及教育的相关工作。

六、金融普及教育的国内经验——以山西、广东、四川为例

（一）山西省金融教育普及案例

山西省政府关注当地农村居民金融素养发展，充分整合非营利性组织和营利性组织的金融教育体系资源，积极地给予政策支持。其中，与中国金融教育委员会合作启动助推金融知识纳入国民教育体系项目，以该省临汾市、吕梁市、晋中市三市的 15 个国家级贫困县的小学五年级

学生为培育重点，对其开展系统的金融知识与诚信意识课堂教育。该项目覆盖的贫困县包括吉县、大宁县、隰县、永和县、汾西县、兴县、临县、石楼县、岚县、方山县、中阳县、左权县、榆社县、和顺县和昔阳县。另外，捷信消费金融有限公司捐款 100 万元人民币，用于 2018 年在山西省 15 个国家级贫困县开展金融教育普及工作，推进金融教育课程进小学，助推金融知识纳入国民教育体系，以切实提升国民的金融素养，更好地构建金融知识普及长效机制。项目内容包括：为项目实施地区的小学五年级学生捐赠《金融与诚信》读本，为当地教师提供金融知识培训，在临汾市辖下隰县电子商务扶贫培训基地现有场地和基础设施的基础上建金融教育基地，支持《推进金融知识纳入国民教育体系的有效性评估》课题研究工作与实施效果评估。

"助推金融知识纳入国民教育体系项目"预计惠及学生 2.6 万人次。中国金融教育发展基金会理事长杨子强说："作为发展普惠金融的基础环节，金融教育尤其是面向青少年的金融普及教育，意义重大，势在必行。"杨子强表示，这一系列活动的开展，将实现金融教育普及"抓早抓小、抓头抓实"，力争培育出具有高水平金融素养的未来公民。

（二）广东省金融素养状况

广东省的农村居民借款需求较大。在广东省的调研中，616 位接受调查的农村居民表示有借款的意向。其中，最受欢迎的借款方式是向亲友借款以及向银行贷款，分别有 289 人次和 160 人次，占比分别为 42.13% 和 23.32%。有意向通过贷款公司、网络借贷（P2P）和支付宝花呗等其他渠道借款的人占比为 17.78%，共计 122 人次。更值得关注的是，有 6.56%、共 45 人次愿意借高利贷。这组数据表明，在广东农村地区，人们的借款需求较高，但借款渠道较为单一，大多数人仍倾向于向亲友或向银行贷款，而网络借贷等线上借款方式相对较冷门。

广东省的农村居民金融技能高，互联网信用贷款也走进了农民的生活。此次针对广东省的调查发现，该省农村居民在近期申请过贷款的人数为613人，其中，最受欢迎的贷款方式是小额信用贷款，共有208人，所占比例达到33.93%。此外，办理过公务员担保贷款和政府贴息贷款的人数分别为64人、43人，占比分别为9.33%、6.27%，只有4人办理过网络借贷，占比仅为0.58%。

根据我们的问卷数据反映，该地区农村居民日常消费支付方式仍为现金的高达76.35%，少数使用第三方支付（支付宝、微信）的占比达17.73%。由于手续过于烦琐和金融服务普及度不高，农村居民对于网上银行、电话银行存在失信感，表示一般不会选择，而使用现金则是因为方便且成本低。广东省农村地区居民理财意识较强。从采集到的样本数据来看，在被调查农村居民中共有681人购买过理财产品。其中，通过银行购买理财产品的人数最多，有272人，占比为39.94%；而最少的是通过P2P平台购买，仅有40人，占比为5.87%；其余则通过余额宝和其他渠道购买理财产品，分别有155人和214人，占比分别为22.76%和31.42%，与银行相差不大。以上数据表明，近年来，广东农村地区居民理财意识有所增强，他们不同于以往仅仅局限于存贷款等金融业务，而是开始通过多种渠道进行投资理财，拓宽了收入来源，增加了个人经济收入。

（三）四川农村教育水平、文化氛围和农村居民金融素养

通过调查数据可以明显发现，文盲率与年龄结构密不可分。以四川

省的数据为例，在6名年龄小于18岁的样本农户中仅有1人未读过书，但因其样本总量较少，文盲率有一定偏差。在18～30岁的样本农户中，没有人未读过书，文盲率为0。30～44岁、45～65岁、大于65岁三个年龄段文盲率呈递增趋势。由此可以得出结论：文盲率与年龄结构呈正相关关系，年龄越大文盲率越高。金融素养与外出务工关系密切。以男性为例，在家务农的样本农户金融素养得分平均值明显低于外出务工的样本农户。在城市中，务工能够有更多机会提高上网技能和文化水平，使用现代信息化设备，从而接触到现代金融服务，提升自身的金融素养。

受教育程度高的地区，文化底蕴深厚，学习知识的氛围就越浓，相应的金融素养要高于其他地区，从而获取金融帮助的概率也要高于其他地区，从而使该地区经济得到更好的发展。下面以吉林省白城市镇赉县J村为例：

J村作为十里八乡考出大学生最多的村镇，其居民及家人的受教育程度也要远远高于其他村镇。在回村大学生的带领下，村里采用"自建经营""龙头企业+贫困户""合作社+贫困户"三种模式帮助农户脱贫致富。自建经营35户，每户获得县政府帮扶的2万元贴息贷款，27户用于地膜香瓜，8户用于庭院蔬菜大棚，每户纯收入为5万元。形成了"龙头企业+贫困户"的产业带动型扶贫模式，申请政府扶贫资金300万元，为全村116户贫困户购买奶牛70头入股飞鹤乳业，每年每户分红3 800元。"合作社+贫困户"模式"，县政府扶贫投资180万元建成15个暖棚承包给有经营能力的8户贫困户，每户可以增收8万元，其余34户每年0.067公顷可以分红1 000元。项目带动30户贫困户到合作社务工，人均年收入达2 000元。

评价：J村居民由于其较高的受教育程度，从而拥有较高的金融素养，具体表现在对贷款的有效需求与使用，新型农业经营模式的尝试与创新，在金融资源上互相帮扶，最终共同促进当地经济进一步发展。